Ernst Goette (Hrsg.)

Deutschunterricht

Theorie und Praxis in der berufsbildenden Schule

Deutschunterricht

Theorie und Praxis in der berufsbildenden Schule

Herausgegeben von Ernst Goette mit einem
Beitrag von Elke Brunkenhövers

MERKUR VERLAG RINTELN

Ernst Goette (Hrsg.)

Deutschunterricht

Theorie und Praxis in der berufsbildenden Schule

ISBN 3-8120-0342-2

Lehrproben – Unterrichtsmodelle – Stundenverläufe

Band 1: Epik ISBN 3-8120-0343-0
Band 2: Lyrik ISBN 3-8120-0344-9
Band 3: Dramatik ISBN 3-8120-0345-7
Band 4: Sachtexte ISBN 3-8120-0346-5

Ernst Goette ist Studiendirektor am Studienseminar in Braunschweig

Gesamtherstellung:
MERKUR VERLAG RINTELN Hutkap GmbH & Co. KG, PF 1420, 3260 Rinteln 1

ISBN 3-8120-**0342-2**

Inhalt

Vorwort

Ist die Berufsschule noch das Stiefkind der Nation? Hat der Deutschunterricht in der berufsbildenden Schule den ihm angemessenen Stellenwert? Theorie und Praxis in der berufsbildenden Schule bedürfen einer Standortbestimmung, die in dieser Untersuchung der Reihe **Deutschunterricht** vorgenommen werden soll.

Es ist erstaunlich und bedenkenswert, daß die kontroverse Diskussion der letzten Jahre fast ausnahmslos um den Deutschunterricht in der *allgemeinbildenden* Schule stattgefunden hat („Fach in der Dauerkrise"), so als ob es in der Bundesrepublik Deutschland gar kein berufsbildendes Schulwesen gäbe.

Wenn man davon ausgeht, daß Probleme der Didaktik historisch in Umbruchzeiten aufzutreten pflegen, wenn überkommene Bildungseinrichtungen mit ihren Inhalten und Zielen fragwürdig werden (Wolfgang Klafki) – so könnte daraus abgeleitet werden, daß solche Umbruchsituationen wohl für den Bereich der allgemeinbildenden Schule eingetreten sind, nicht jedoch für den Bereich der berufsbildenden Schule.

Wir halten es daher für notwendig, auf einige Probleme näher einzugehen und sie einmal konkret darzustellen.

Im 1. Kapitel soll der Versuch einer Standortbestimmung zur **Situation des Deutschunterrichts** an der berufsbildenden Schule vorgenommen werden. Sprache und Literatur als entscheidende Bildungsfaktoren in der Schule – vor allem aber die Fragen, welche Sprache und welche Literatur – betreffen denjenigen, der ins Berufsleben tritt bzw. bereits dort tätig ist, mindestens so stark wie die Schüler anderer Schularten; dennoch spielt das Fach Deutsch in berufsbildenden Schulen oft eine untergeordnete Rolle. Warum?

Deutschunterricht an berufsbildenden Schulen bedeutet häufig, Kompromisse zu schließen: der Stellenwert wird nicht immer als vorrangig angesehen; berufsorientierte Inhalte aber auch allgemeinbildende Qualifikationen sollen vermittelt werden; die Förderung der Sprachkompetenz ist notwendig, und die Realität in der Gesellschaft muß transparent gemacht werden, um die Schüler auf die Bewältigung der Berufs- und Lebenswirklichkeit vorzubereiten.

Was im Deutschunterricht behandelt werden soll (oder muß), welche Ziele anzustreben sind, wird allgemein in Richtlinien, Handreichungen, Lehrplänen (Curricula) der einzelnen Bundesländer festgelegt. Die Schüler erfahren durch ihre eigene gesellschaftliche Stellung (Elternhaus, Schule, Ausbildung, Betrieb, Beruf, Freizeit), daß Sprachkompetenz ein wesentliches Mittel ist, um angemessen an Kommunikationsprozessen beteiligt zu sein. Sie müssen Gelegenheit erhalten, sich sachlich mit Fragen der Geschichte, Gegenwart, Zukunft und der sie umgebenden Schul-, Berufs- und Arbeitswelt auseinandersetzen zu können und in die Lage versetzt werden, Probleme argumentativ zu diskutieren, um sich behaupten zu können. Dazu gehört die Fähigkeit, sich Informationen zu beschaffen, Informationen zu verarbeiten, aus kontroversen Darstellungen eine eigene Position zu entwickeln und Gegenmeinungen zu tolerieren. Außerdem müssen sie die Möglichkeit erhalten, persönliche Erfahrungen und Eindrücke (Betroffenheit) aus der jeweiligen individuellen Situation zu artikulieren und zu reflektieren. Aus den angedeuteten Faktoren kann die Bedeutung des Deutschunterrichts – gerade in der berufsbildenden Schule – abgeleitet werden.

Der in unserer Betrachtung zugrunde gelegte *erweiterte* Literaturbegriff bedeutet eine beträchtliche Ausweitung der Inhalte des Deutschunterrichts (Sprachregeln und Reflexion über Sprache; Sprachgestaltung – mündlich und schriftlich – zur Förderung kommunikativer Kompetenz; literarische aber auch nichtliterarische Texte). Jede Auswahl stellt immer einen Kompromiß dar: bei dem heterogenen Bild der unterschiedlichen berufsbildenden Schularten wird die Frage nach dem, was behandelt werden soll, noch einmal erschwert. Unter Berücksichtigung der vorhandenen, offiziell geltenden Richtlinien (Lehrpläne) sollen im 2. Kapitel **Rahmenbedingungen des Deutschunterrichts** für die wichtigsten Schularten in der berufsbildenden Schule skizziert werden, mit Vorschlägen, die vor allem unter den gegebenen Faktoren der Unterrichtspraxis realisierbar sind. Es hat keinen Zweck, theoretisch Maximalforderungen aufzustellen, bei denen jeder praktizierende Lehrer weiß, daß sie allein aufgrund der zur Verfügung stehenden Zeit doch nicht zu verwirklichen sind. Der Beitrag versteht sich allerdings auch als Mahnung, den Deutschunterricht nicht noch weiter zu kürzen oder gar ganz entfallen zu lassen: im Gegenteil, notwendig wäre eine Erweiterung der Stundenzahl.

Eine Möglichkeit zur Reflexion über die Gesellschaft, in der wir leben und arbeiten, ist die Literatur, die in allen Formen (Dichtung, Sachtext, Gesetz, Werbung, Trivialliteratur) von der Kultur in der Vergangenheit und Gegenwart Zeugnis ablegt. Als ein wesentlicher und bis heute noch unbestrittener Indikator für die Vorstellungen, Zielsetzungen, Interessen, didaktischen und methodischen Konzeptionen des Deutschunterrichts gilt das **Lesebuch**. Es kann nach wie vor als das wichtigste Arbeitsmittel im Unterricht angesehen werden. Da sich alle Beteiligten auch dieser großen Bedeutung bewußt sind, unterliegt es nicht nur dem Interesse der Öffentlichkeit, sondern auch der Kritik. Es ist das Buch, das keiner überwunden hat; denn trotz aller Kritik an den Inhalten, den didaktischen Fragestellungen, dem methodischen Aufbau bleibt die Tatsache, daß es immer wieder eingesetzt wird. Daher gilt es auch, immer wieder Verbesserungen vorzunehmen. Einige Vorschläge zur Konzeption eines neuen, an Problemen der Gegenwart orientierten Lesebuches sollen im 3. Kapitel zur Diskussion gestellt werden – auf der Grundlage eines Überblicks über Lesebuchkonzeptionen in der Vergangenheit.

Die **Unterrichtsvorbereitung** – Planung, Durchführung, Analyse – im Fach Deutsch auf der Grundlage eines Modells zur Unterrichtsvorbereitung wird im 4. Kapitel dargestellt. Dabei sollen Faktoren aufgezeigt und erläutert werden, die bei der Erarbeitung einer Unterrichtsstunde von Bedeutung sein können. In der Didaktik-Diskussion fehlt es nicht an unterschiedlichen, auch kontroversen Ansätzen: der Leser soll die gegensätzlichen Positionen kennenlernen, um sich mit ihnen kritisch auseinanderzusetzen; nur so kann er aus der Vielfalt der angebotenen Modelle seinen eigenen Weg suchen und finden. Der Schwerpunkt für die Unterrichtsvorbereitung im Fach Deutsch liegt auf einer *praxis*bezogenen, im Unterricht zu realisierenden Gestaltung (geplanter Unterrichtsverlauf mit Phasen, Schritten, konkreten Lernzielen, Aktionsformen, Sozialformen, Medieneinsatz, Tafelanschrieb / Tafelbild).

Den Abschluß (5. Kapitel) bildet ein **bibliographischer Überblick** (als Auswahl): Literaturangaben sind immer problematisch, weil nie *alle* Interessen berücksichtigt werden können. Der Vorschlag ist ein Kompromiß (Standardwerke, unterschiedliche fachwissenschaftliche/didaktische Positionen, neuere Veröffentlichungen, praxisbezogene Darstellungen). Alle Literaturangaben dienen der Information und sollen den gegenwärtigen Stand der Auseinandersetzung um das Fach Deutsch verdeutlichen.

Die Grundkonzeption des Deutschunterrichts in der berufsbildenden Schule, die dem Schüler entgegenkommt, muß eine kritisch-emanzipatorische sein, bei der die Haltung des Schülers nicht durch passive Hinnahme, sondern von aktiver Teilnahme geprägt ist.

Kritik heißt Unterscheidungsvermögen, Scharfsinn, Prüfung; für in diesem Sinn verstandene Anregungen ist der Herausgeber dankbar.

Hildesheim, im Herbst 1981

Der Herausgeber

1 ZUR SITUATION DES DEUTSCHUNTERRICHTS IN DER BERUFSBILDENDEN SCHULE

„Der Krieg zum Beispiel findet heute nicht mehr wie in Lesebuchgedichten statt [. . .] In manchen Lesebüchern hat sich das noch nicht herumgesprochen. Glaubt auch den Geschichten nicht, worin der Mensch in einem fort gut ist und der wackre Held vierundzwanzig Stunden am Tag tapfer! Glaubt und lernt das bitte nicht, sonst werdet ihr Euch, wenn ihr später ins Leben hineintretet, außerordentlich wundern."

(Erich Kästner)

Die Diskussion um den Deutschunterricht (Inhalte, Ziele, Methoden) und das Lehrbuch (Konzeption, Aufgabe, Funktion)[1] hat bisher die berufsbildende Schule nur am Rande tangiert, geradezu so, als ob es in der Bundesrepublik Deutschland kein berufsbildendes Schulwesen mit einer Vielzahl der unterschiedlichsten Schularten gäbe.

Dabei hat in den letzten Jahren in der Bundesrepublik Deutschland kein anderes Fach derart im Mittelpunkt der Diskussion und Kritik gestanden wie das Fach

---

1 Einzelne Aufsätze zur Diskussion über den Deutschunterricht und die Lesebuch-Konzeptionen können hier nicht wiedergegeben werden. Wesentliche Beiträge sind gesammelt in:

Deutschunterricht

Dietrich Boueke (Hrsg.), Deutschunterricht in der Diskussion. Forschungsberichte. Paderborn: Schöningh 1974 = UTB 403; Deutschunterricht in der Diskussion 2, ²1979 = UTB 909.

Heinz Ide (Hrsg.), Bestandsaufnahme Deutschunterricht. Ein Fach in der Krise. Stuttgart: Metzler 1970.

Erika Dingeldey/Jochen Vogt (Hrsg.), Kritische Stichwörter zum Deutschunterricht. Ein Handbuch. München: Fink 1974 = UTB 299.

Lesebuch

Hermann Helmers (Hrsg.), Die Diskussion um das deutsche Lesebuch. Darmstadt: Wissenschaftliche Buchgesellschaft 1969 = Wege der Forschung CCLI.

Heinz Geiger (Hrsg.), Lesebuchdiskussion 1970–1975. München: Fink 1977 = UTB 641.

Heinz Ludwig Arnold. Das Lesebuch der 70er Jahre. Kritik und Neuentwurf. Köln: Kiepenheuer & Witsch 1973 = pocket 45.

Peter Braun, Neue Lesebücher – Analyse und Kritik. Düsseldorf: Bertelsmann Universitätsverlag 1972 = Literatur und Gesellschaft 5.

alternative 8 (Dez. 1965), Heft 45.

Das Lesebuch I. In: Der Deutschunterricht 18 (1966), Heft 4.

Das Lesebuch II. In: Der Deutschunterricht 20 (1968), Heft 6.

Deutsch, so daß auch vom „Fach in der Dauerkrise" gesprochen wurde[2]; es geht um so wichtige Bildungsfaktoren wie Sprache und Literatur – vor allem aber um die Fragen, *welcher* Sprachgebrauch und *welche* literarischen Inhalte behandelt werden sollen. Sie betreffen aber *jeden* Schüler (in *allen* Schularten) und sind daher von so großer Bedeutung und – oft gegensätzlichem – Interesse, die deutlich werden, wenn es heißt, daß der „Deutschunterricht in der Berufsschule [. . .] einen Beitrag zur *Wiedergewinnung einer kritischen Sprache*, zur Aufhebung des nahezu sprachlosen Zustands zu leisten"[3] habe.

Aber die umfangreiche fachwissenschaftliche Diskussion über Ziele, Inhalte und Methoden des Deutschunterrichts fand ohne didaktische Überlegungen zum Deutschunterricht in der berufsbildenden Schule statt[4].

Was im Deutschunterricht behandelt werden soll (oder muß), welche Ziele anzustreben sind, wird allgemein in (Rahmen-)Richtlinien, Handreichungen, Lehrplänen (Curricula), die meistens in Erprobung sind und der ständigen Revision unterliegen (oder unterliegen sollten), der einzelnen Bundesländer festgelegt.

Als ein wesentlicher und bis heute entscheidender Indikator für die Vorstellungen, Zielsetzungen, Interessen, didaktischen und methodischen Konzeptionen des Deutschunterrichts gilt das Lehrbuch (Lesebuch).

„Häufig war es so, daß anhand der amtlichen Vorschriften ein Lehrplan aufgestellt wurde und daß gleichzeitig zu diesem Lehrplan ein Lesebuch zusammengestellt wurde, wobei der Lehrplan im Hinblick auf das Lesebuch die Funktion hatte, eine didaktische und methodische Handreichung für den Lehrer zu sein."[5]

Es ist Geiger uneingeschränkt zuzustimmen, wenn er feststellt, daß das Lehrbuch (Lesebuch) nach wie vor als wichtigstes Arbeitsmittel des Deutschunterrichts anzusehen ist[6]. Auf den engen Zusammenhang und die Verflechtung zwischen Didaktik, Curriculum und Lesebuch haben auch Kügler und Arnold ausdrücklich hingewiesen[7], und da sich alle Beteiligten der Bedeutung bewußt sind, unterliegt auch das Lesebuch der gleichen Kritik wie der Deutschunterricht. Allerdings:

---

2 Peter Demetz und Heinz Ludwig Arnold haben in Rezensionen zu Veröffentlichungen zum Deutschunterricht vom **Fach in der Dauerkrise** gesprochen: P.D., „Jenseits der Zaunpfähle". Drei Bücher zum Fach in Dauerkrise. In: Die Zeit, Nr. 46 vom 13.11.1970; H.L.A., „Das Fach in der Dauerkrise". Drei Bücher zum Deutschunterricht. In: Die Zeit, Nr. 16 vom 23.04.1971.
Vgl. auch Ulrich Sonnemann, Schulen der Sprachlosigkeit – Deutschunterricht in der Bundesrepublik. Standpunkte. Hamburg: Hoffmann und Campe 1971, der in seiner Untersuchung scharfe Kritik an der deutschen Lesebuchpraxis als einem Kapitel der Fortpflanzung deutscher Innerlichkeit und Autoritätsgläubigkeit geübt hat.

3 Heinz Geiger, Medienkritik und Gegenkommunikation als Bestandteil beruflicher Bildung. In: Jochen Vogt (Hrsg.), Literaturdidaktik. Aussichten und Aufgaben. Düsseldorf: Bertelsmann Universitätsverlag ^{2}1973 = Literatur in der Gesellschaft 10, S. 132.

4 Vgl. Hans Harnos, Schwierigkeiten im Deutschunterricht berufsbildender Schulen. In: Diskussion Deutsch (1978), Heft 44, S. 561 f.

5 Gerhard Hauptmeier, Zur Geschichte des Deutschunterrichts an gewerblichen Schulen. In: Die Deutsche Berufs- und Fachschule (1979), Heft 10, S. 749.

6 Vgl. Heinz Geiger, Vorbemerkung. In: Geiger, Lesebuchdiskussion 1970–1975, S. 7.

7 Vgl. Hans Kügler, Literatur und Kommunikation. Poetische und pragmatische Lektüre im Unterricht. Stuttgart: Klett ^{2}1975, S. 14 f. und S. 39–78; Heinz Ludwig Arnold, Lesebuch der 70er Jahre, S. 17 ff. und S. 107–112.

„Viele Mißverständnisse um die Lernziele modernen Literaturunterrichts wären überflüssig, wenn alle, die sich an der Diskussion so leidenschaftlich und oft grobschlächtig beteiligen, auch sachlich informiert und nicht ideologisch abgeblockt wären."[8]

„Die Berufsschule ist das Stiefkind der Nation (Helmut Rohde), und der Deutschunterricht wird in der Berufsschule (noch) meistens zusätzlich als Stiefkind behandelt."[9] Warum?

Die Ursachen und Gründe für diesen Tatbestand sind vielschichtig: der Studiengang des Lehrers für berufsbildende Schulen an der Universität entspricht nicht den Anforderungen und Erwartungen in der Schulpraxis. Die Diskrepanz ist besonders gravierend im Fach Deutsch: wenige Universitäten ermöglichen diese Studienrichtung; die Koordination zwischen den Fakultäten (Wirtschaftswissenschaft, Naturwissenschaft und Technik – Germanistik) ist unzureichend oder wird sogar abgelehnt. Eine Abstimmung zwischen der 1. und 2. Phase der Ausbildung für das Handelslehramt oder Gewerbelehramt des höheren Dienstes erfolgt nur langsam, was zur Folge hat, daß der junge Lehrer immer noch von der Unterrichtswirklichkeit überrascht werden kann und oft enttäuscht ist; die Tendenz zum „Zweifachlehrer" widerspricht oft den Erfordernissen im Schulalltag; die Integration ‚beruflicher' und ‚allgemeinbildender' Qualifikationen, die Heterogenität des berufsbildenden Schulwesens, das Problem der Zuordnung (Sekundarstufe II) erschweren die Erstellung sachgerechter Lehrpläne und die Konzeption adressatengerechter Lehrbücher. Wenn es opportun erscheint, muß auch der nicht im Fach Deutsch ausgebildete Pädagoge bereit sein, in diesem Fach zu unterrichten; oft muß diese Aufgabe der Klassenlehrer übernehmen, weil man – wie in der Grund- und Hauptschule – der Ansicht ist, daß er möglichst viele Stunden am Tag in „seiner" Klasse anwesend sein soll.

Weitere Schwierigkeiten für den Deutschlehrer ergeben sich durch die Erwartungen, die von außen an den Deutschunterricht herangetragen werden. Von fachfremden Kollegen, Industrie- und Handwerkskammern, Ausbildungsbetrieben wie auch von Eltern wird vor allem die Schulung der schriftlichen Fähigkeiten der Schüler gefordert. Die Qualität des Deutschunterrichts wird bei ihnen an der Anzahl der Rechtschreibfehler in den Berichtsheften, an den „sauberen" Entschuldigungsbriefen gemessen. „Ein bißchen Literaturkenntnis gehört natürlich auch zum Deutschunterricht. Ein Lehrer, der die Förderung der Kommunikationsfähigkeit für die Praxis der Jugendlichen in den Vordergrund stellt, kann für Rechtschreibung z. B. nur sehr wenig Zeit aufwenden."[10]

Harnos betont mit Recht, daß es erforderlich sei, darauf zu achten, daß die „Schere zwischen Anspruch und Praxis" nicht immer weiter auseinandergeht[11].

---

8 Werner Klose, Drucksachen – Drecksachen. Wie Schulbücher zur Wahlkampfmunition werden. In: Geiger, Lesebuchdiskussion 1970–1975, S. 361; vgl. auch Malte Dahrendorf, Betr.: „Drucksachen – Drecksachen". Eine Antwort auf Werner Kloses Artikel; Werner Schlotthaus, Plädoyer für ein demokratisches Lesebuch: Drucksachen. In: Geiger, Lesebuchdiskussion 1970–1975, S. 368–369; S. 370–379.

9 Ernst Goette, Deutschunterricht – das Stiefkind zum Quadrat. Schwierigkeiten mit dem Fach Deutsch in berufsbildenden Schulen. In: Diskussion Deutsch (1979), Heft 45, S. 102.

10 Hans Harnos, Schwierigkeiten im Deutschunterricht berufsbildender Schulen, S. 563.

11 Vgl. Hans Harnos, Schwierigkeiten im Deutschunterricht bb Sch, S. 563.

Welche Schwierigkeiten auftreten können und wie unterschiedlich die Situation zwischen dem Lehrer an der allgemeinbildenden und der berufsbildenden Schule ist, wird aus dem folgenden Bericht deutlich:

1.1 Berufsbildende Schule contra allgemeinbildende Schule?

„Der junge Studienrat Walter P. hastet einige Minuten nach dem Klingelzeichen über den Flur der Städtischen Handelslehranstalt in S. Die erste von sechs Schulstunden an diesem Montag beginnt mit der Rückgabe einer Klassenarbeit in der Berufsschulklasse Einzelhandel-Unterstufe, Fach ‚Kaufmännisches Rechnen'. Die Arbeit ist schlecht ausgefallen, obwohl Walter P. dem Thema Dreisatzrechnung mehr Zeit gewidmet hatte, als vom Lehrplan her eigentlich zu verantworten war.

Sorgen macht ihm auch die nächste Stunde, für die er auf Wunsch der Klasse, einer Industrie-Oberstufe, im Fach Wirtschaftslehre Zahlenmaterial für einen Systemvergleich ‚BRD – DDR' zusammengestellt hat. Walter P. fühlt sich nicht ganz wohl bei dem Thema; außerdem war es schwierig, Material zu bekommen. Fast der ganze Sonnabendnachmittag ist mit der Vorbereitung dieser einen Stunde draufgegangen. Zum Glück benötigt er für die übrigen zwei Stunden Buchführung im Wirtschaftsgymnasium und für die daran anschließende Stunde Gemeinschaftskunde in der Großhandels-Mittelstufe kaum Vorbereitungszeit. Lediglich eine Stunde Deutsch, die er von einem erkrankten Kollegen übernommen hat, zwingt ihn, die große Pause in der Bibliothek zuzubringen, weil ihm das Thema ‚Kommasetzung vor und' selbst nicht ganz geläufig ist.

Wenn Walter P. gegen 14.00 Uhr nach Hause kommt, hat er einen Unterrichtstag in den Fächern Mathematik, Buchführung, Wirtschaftslehre, Grammatik und Politische Wissenschaft hinter sich gebracht. Für den Nachmittag stehen allerdings noch 60 Englischarbeiten an, die am nächsten Tag zurückgegeben werden müssen. Seine Frau, Studienrätin am altsprachlichen Gymnasium mit den Fächern Sport und Latein hat an diesem Vormittag dreimal hintereinander Cäsars ‚Gallischen Krieg' behandelt. Sie kann über Walters Fächervielfalt nur lächeln und ist froh, daß sich in den nächsten 30 Jahren am ‚Gallischen Krieg' nichts ändern wird.

Walter P., seines Zeichens Dipl.-Handelslehrer, ist einer von vielen Studienräten im berufsbildenden Schulbereich, dem, wie der Volksmund es gelegentlich scherzhaft ausdrückt, die Vermittlung des ‚Krämereinmaleins' obliegt. Nur, mit dem ‚Krämereinmaleins' ist es heute nicht mehr getan. Wie kaum ein anderer Lehrerberuf mußte sich der Handelslehrer in den letzten Jahrzehnten den Veränderungen im gesellschaftlichen Leben in seiner Unterrichtspraxis anpassen. Hinzu kam, daß Fachlehrer für Deutsch und Gemeinschaftskunde an den beruflichen Schulen von je her rar waren; also mußte der Handelslehrer auch hier einspringen, ohne auf eine wissenschaftliche Ausbildung zurückgreifen zu können."[12]

---

12 Karl Koch, Diplom-Handelslehrer. Dreisatz und dazu noch vieles andere. Allein mit der Vermittlung des „Krämereinmaleins" ist es heute nicht mehr getan. In: Die Zeit, Nr. 53 vom 29.12.1978, S. 26.
Vgl. auch Walter Georg/Uwe Lauterbach, Studiengänge für das Lehramt an beruflichen Schulen in der Bundesrepublik Deutschland. Weinheim: Beltz 1978.

Dieser Situationsbericht soll nicht in dem Sinn aufgefaßt werden, als gehe es nur darum, die gesellschaftliche Einschätzung der berufsbildenden Schulen im Vergleich zu den allgemeinbildenden Schulen zu dokumentieren. In dieser Beziehung hat sich einiges getan bzw. ist im Verständnis vieler Bürger und der Verantwortlichen das berufsbildende Schulwesen nicht mehr in dem Maß das „Stiefkind der Nation" (diese Feststellung hatte in den 60er Jahren sicherlich noch ihre volle Berechtigung), denn die bildungsökonomische Situation hat sich verändert. Die strukturellen Krisen im Beschäftigungssystem lassen gegenwärtig z.B. einen Arbeits- oder Ausbildungsplatz häufig wertvoller erscheinen als einen weiterführenden Schulabschluß, der vielleicht dennoch in Arbeitslosigkeit mündet. Damit kann die erste Teilaussage unserer Ausgangsthese relativiert werden. Der Ausbau des Bildungswesens im berufsbildenden Bereich mit den vielen Möglichkeiten differenzierter und aufeinander abgestimmter Schularten (Berufsfachschulen, Fachoberschulen), die Einführung eines Berufsgrundbildungsjahres (BGJ) und die Möglichkeit zur Erlangung der Hochschulreife in der reformierten gymnasialen Oberstufe der einzelnen berufsbildenden Fachrichtungen können als Indiz dafür angesehen werden.

Für den Deutschunterricht – vor allem in der *Berufs*schule – kann diese Relativierung allerdings noch nicht konstatiert werden, und die vorhandenen Probleme werden zum Teil durch das Beispiel des Studienrats Walter P. deutlich: Er muß ad hoc eine Stunde Deutsch in der Berufsschule mit dem Thema „Kommasetzung vor ‚und'", das ihm selbst nicht ganz geläufig ist, geben. Was bedeutet das für ihn? Studienrat P. steht vor einer doppelten Schwierigkeit: Er hat nicht nur eine größere Fächervielfalt zu bewältigen (in der Regel: Betriebswirtschaft, Betriebliches Rechnungswesen, Wirtschaftsmathematik, Gemeinschaftskunde), sondern auch noch – das wird erwartet und verlangt – das Fach Deutsch; aber gerade dafür fehlt ihm die fachwissenschaftliche Ausbildung durch ein Germanistik-Studium an der Universität. (Während der 2. Ausbildungsphase kann an einigen Studienseminaren ein Fachseminar belegt werden, in dem didaktische und methodische Probleme des Deutschunterrichts an berufsbildenden Schulen zur Diskussion gestellt werden.)

Zur Verbesserung dieser Situation bedarf es weniger der Forderung nach speziellen Lehrstühlen[13], sondern mehr der Koordinierung zwischen den Lehrstühlen und der prinzipiellen Möglichkeit, einen Studiengang mit dem Fach Deutsch als zweitem Hauptfach innerhalb des (Berufs-)Pädagogik-Studiums zu wählen[14].

Vor allem im Fach Deutsch sollte die Auffassung „berufsbildende Schule contra allgemeinbildende Schule" (oder umgekehrt) überwunden werden, denn die Inhalte des Deutschunterrichts (sie bestehen eben nicht nur aus Rechtschreibung, Zeichensetzung [Komma vor ‚und']) sind für **alle** Schüler gleich wichtig. Darin sehen wir nicht nur eine besondere integrative Qualität des Faches, mit der die vorherrschende Tendenz der Trennung zwischen *allgemein*bildender und *berufs*bildender Bildung aufgehoben werden kann, sondern geradezu seine prinzipielle Bedeutung: Deutschunterricht ist im Rahmen der Ausbildung für einen Jugend-

---

13 Vgl. Hilmar Grundmann, Zur gegenwärtigen Situation des Deutschunterrichts an berufsbildenden Schulen. In: Linguistik und Didaktik (1978), Heft 34/35, S. 145–155.

14 Vgl. Horst Schild, Lehrer an beruflichen Schulen. In: Aspekte. Zeitschrift der Berufsberatung. Hrsg. von der Bundesanstalt für Arbeit, Nürnberg, Nr. 7/8 (1976), S. 18 f.

lichen, der nach dem Besuch einer Schule – welcher auch immer – ins Berufsleben tritt oder sich bereits in einer Berufsausbildung befindet, so bedeutend für den einzelnen, daß mehr vom Unterrichts*prinzip* als vom Unterrichts*fach* gesprochen werden sollte. „Der Deutschunterricht kann in seinem Kern niemals schulspezifisch sein"[15]; als Hauptfach müßte es in **allen** Schularten einen gemeinsamen verbindlichen Katalog der Grundforderungen geben, das gilt natürlich erst recht innerhalb des Systems der berufsbildenden Schule.

Mit einem solchen Katalog an Grundforderungen für **alle** Schularten ist es vielleicht auch möglich, eine verbreitete Haltung (auch bei Lehrern) zu überwinden, für Kenntnislücken, die Schüler im Unterricht zeigen, immer die nicht ausreichenden Leistungen der vorausgegangenen Schulart verantwortlich zu machen. Nicht die Abgrenzung und Herabsetzung zwischen den Schularten führen weiter, sondern die Trennung überwindende Zusammenarbeit ist nötig und könnte hilfreich sein. Es ist nicht ratsam, Schranken aufzubauen, wo gar keine notwendig sind: Die Erzählung und das Drama, die Fabel und das Gedicht, der Roman oder das Märchen aus der reichhaltigen Literatur der Vergangenheit und der Gegenwart sind für **alle** Schüler da, aber ebenso der Gesetzestext, der Berufsausbildungsvertrag, die Bewerbung, der Lebenslauf oder die Tageszeitung. Wann endlich hört man damit auf, die Literatur für die allgemeinbildende Schule zu beanspruchen und den Deutschunterricht in berufsbildenden Schulen mit „berufskundlichem" (fachbezogenem) Deutsch, „Sprachpflege" oder „Schriftverkehr" abzutun!?

Die wichtigsten Themenbereiche im Deutschunterricht und die Frage nach dem Stellenwert – z.B. der Rechtschreibung – in einem an den Realitäten und der Gegenwart orientierten Unterricht hat Franz Hebel erst in jüngster Zeit wieder überzeugend formuliert: „Die Aufgaben des Deutschunterrichts, auch des Deutschunterrichts an Berufsschulen, sind vielfältig. Die Fähigkeit der Schüler, am literarischen Leben selbständig teilzunehmen, soll weiterhin gefördert werden, am literarischen Leben, wie es in Büchern, Zeitschriften, Zeitungen, Theater, Film, Rundfunk und Fernsehen vermittelt ist. Angesichts der Tatsache, daß in der Berufsschule Musik und Bildende Kunst nicht mehr gelehrt werden, bleibt der Deutschunterricht das einzige Fach, in dem Bereitschaft und Fähigkeit der Schüler, ästhetische Erfahrungen zu machen, unterstützt werden können. In einer Zeit fortschreitender Entsinnlichung der Arbeitstätigkeiten und der Beziehungsstrukturen im öffentlichen und privaten Leben ist das kein überflüssiger Luxus. Darüber hinaus sollen die Schüler in ihrer Ausdrucksfähigkeit gemäß ihrer individuellen, sozialen und beruflichen Entwicklung gefördert werden, andernfalls können sie kaum das gesellschaftliche Leben aktiv mitbestimmen, sei es in Vereinen und Verbänden, sei es in der politischen Öffentlichkeit des demokratisch verfaßten Staates, der auf solche Mitwirkung seiner Bürger angelegt ist. Darüber hinaus leben wir in einer Zeichenwelt, deren Entschlüsselung eine umfassende Vorbereitung voraussetzt. Von der Zeichenwelt des Straßenverkehrs reicht sie über die Kunstsprache mancher Berufe, die Zeichen der Konsumwerbung und der politischen Propaganda bis zur Bild- und Sprachwelt der Massenmedien. Im Rahmen dieser Aufgaben und in Konkurrenz mit jeder einzelnen von ihnen steht die Rechtschreibung."[16]

---

15 Hans Gerd Rötzer, Deutsch als Grundfach – vertikale und horizontale Durchlässigkeit. In: Die berufsbildende Schule (1971), Heft 23, S. 191.

16 Franz Hebel, Was nützt dem Lehrling das Bimsen der Rechtschreibung. Überlegungen zu den jährlichen Prüfungen der Kammern. In: Frankfurter Rundschau, Nr. 66 vom 19.03.1981, S. 9.

Anregende Vorschläge, wie das Problem der Literaturbetrachtung und -auswahl gelöst werden kann – auch zur Gründung einer eigenen Bibliothek – können der Rede „Der lesende Arbeiter" von Günter Grass entnommen werden, in der er sich auch mit dem Verhältnis zwischen Literatur und Arbeitswelt auseinandersetzt[17].

Bei Texten aus der „Arbeitswelt" von Georg Weerth bis zur Gruppe 61 wird doch im Ernst kein Mensch auf den Gedanken kommen, daß es sich um ‚berufsspezifische' Bildung handelt und daß diese Texte nur in der *Berufs*schule durchgenommen werden können, nur weil diese Schüler zum Teil bereits in der Berufsausbildung stehen. Ebenso wird – hoffentlich – keiner auf die absurde Idee kommen, Thomas Manns „Tonio Kröger" nur auf Künstlerakademien zu lesen, weil es in der Erzählung um die Problematik der Stellung des Künstlers in der Gesellschaft geht.

Es ist didaktisch nicht begründbar, bestimmte Inhalte für einen bestimmten Adressatenkreis zu requirieren. Die Bedeutung eines ‚gemeinsamen Textbestandes' und der schulartübergreifende Charakter werden auch von Klose mit Recht hervorgehoben – leider hat er den berufsbildenden Schulbereich nicht berücksichtigt: „Der gemeinsame Textbestand vom 5. bis zum 10. Schuljahr hat aber auch noch den [. . .] Vorzug, daß keine Schulform mit Texten diffamiert (‚nur' für Hauptschüler) oder ausgezeichnet wird (‚nur' für Gymnasiasten). Die Schüler finden auch beim Wechsel zwischen Schulformen oder im Übergang zu Schulversuchen mit Gesamtschulen die vertrauten Arbeitsbücher [gemeint sind Lesebücher nach der ‚schulformunabhängigen' Konzeption, der Verf.] wieder. Die gemeinsame Konzeption des schulartumgreifenden Arbeitsbuches schafft auch bessere Möglichkeiten der Ausbildung und Fortbildung von Lehrern, die lernen müssen, über die Schulformen hinaus zusammenzuarbeiten."[18]

Eine ganz andere und sehr wesentliche Frage ist, **was** am besten **wann** und **wie** unterrichtet werden soll. Bei dieser fachdidaktischen Diskussion wird – von wenigen Ausnahmen abgesehen[19] – das berufsbildende Schulwesen ignoriert. Dabei stellt sich das Problem in diesem Schulbereich ganz besonders, weil es hier außerordentlich vielschichtig ist (vgl. Kap. 2 in diesem Band).

---

17 Vgl. Günter Grass, Der lesende Arbeiter. In: Süddeutsche Zeitung, Nr. 230 vom 02./03.10.1974 und Peter Fischbach, Arbeiterliteratur im Deutschunterricht an Berufs- und Fachschulen. In: Die Deutsche Berufs- und Fachschule (1977), Heft 1, S. 4–16.

18 Werner Klose, Drucksachen – Drecksachen. In: Geiger, Lesebuchdiskussion 1970–1975, S. 367; Klose hätte die Terminologie Schul*art* bzw. Schul*form* besser, weil er dasselbe darunter versteht, synonym verwandt.

19 Deutschunterricht an beruflichen Schulen. In: Diskussion Deutsch (1977), Heft 34.

Hilmar Grundmann, Der Deutschunterricht an beruflichen Schulen – ein Stiefkind der Didaktik. In: DD 37 (1977); Die heterogene Zusammensetzung der Berufsschulklassen. Problem und Chance zugleich. In: DD 41 (1978). Zur Misere des Deutschunterrichts an berufsbildenden Schulen. In: Wirtschaft und Gesellschaft (1978), Heft 5, S. 156–159.

Klaus Mancke, Allgemeine Berufsschule. Restschule im berufsbildenden Schulwesen. In: betrifft erziehung (1976), Heft 8, S. 41–49.

Einzelne Beiträge in: Wirtschaft und Erziehung (Organ für kaufmännisches Bildungswesen. Monatsschrift des Bundesverbandes der Lehrer an Wirtschaftsschulen): 1974, Heft 9; 1975, Heft 4; 1976, Heft 8, Heft 9; 1977, Heft 7.

1.2 Berufsbildende Schule ist nicht gleich Berufsschule

Bei allen Problemen, die den Unterricht im berufsbildenden Schulwesen betreffen – und dazu gehört natürlich auch die Frage nach den Inhalten des Deutschunterrichts, der Konzeption und Arbeit mit dem Lehrbuch (Lese- und Arbeitsbuch) –, muß berücksichtigt werden, daß es mehrere Schularten und unterschiedliche Schulformen innerhalb der Schulorganisation gibt. Es ist falsch, wenn – verallgemeinernd – von **der** Berufsschule oder **dem** Berufsschullehrer gesprochen oder geschrieben wird (eine Terminologie, die in der Öffentlichkeit immer wieder verwandt wird; für den Unbeteiligten aber auch nicht leicht durchschaubar ist).

Zunächst muß festgehalten werden, daß es mehrere **Fachrichtungen** und innerhalb der Fachrichtungen verschiedene Fachklassen (Berufsfelder) gibt. Folgende Kernbereiche der beruflichen Bildung werden unterschieden[20]:

- kaufmännisch
- gewerblich/technisch
- hauswirtschaftlich
- landwirtschaftlich
- sozialpädagogisch

Die wesentlichen **Schularten** innerhalb der berufsbildenden Schule sind:

[Berufsvorbereitungsjahr (BVJ)] Berufsgrundbildungsjahr (BGJ) Berufsschule (BS)	Teilbereich I	Sekundarstufe II
Berufsaufbauschule (BAS) Berufsfachschule (BFS) Höhere Handelsschule (HH)	Teilbereich II	
Fachoberschule (FOS) Gymnasiale Oberstufe (Gym)	Teilbereich III	

Das BVJ muß als eine Art Vorstufe angesehen werden. BVJ und BGJ sind Vollzeitschulen. Innerhalb der übrigen Schulorganisation im Teilbereich I kann der Unterricht in Teilzeitform (1 oder 2 Schultage je Woche) oder im Blockunterricht (6 Wochen zusammenhängend) erfolgen. In der Berufsschule gibt es in den einzelnen Fachrichtungen verschiedene Berufsfelder[21], in denen Schüler mit ganz unterschiedlichen Voraussetzungen zusammentreffen:

20 In den Bundesländern sind Abweichungen bzw. weitere Differenzierungen möglich; auf sie kann hier nicht im einzelnen eingegangen werden. Vgl. dazu aber: Martin Brechtel, Deutschunterricht im beruflichen Schulwesen. Organisatorische Voraussetzungen und Lehrpläne. In: Diskussion Deutsch (1977), Heft 34, S. 115–126.

21 Vgl. Bundesgesetzblatt, Jg. 1978, Teil I, Nr. 40. Bonn, 25.07.1978.

2 Goette – ISBN 3-8120-0342-2

Berufsfelder	Schwerpunkte
1. Wirtschaft und Verwaltung	1.1 Absatzwirtschaft und Kundenberatung 1.2 Bürowirtschaft und kaufmännische Verwaltung 1.3 Recht und öffentliche Verwaltung
2. Metalltechnik	2.1 Fertigungstechnik 2.2 Installations- und Metallbautechnik 2.3 Kraftfahrzeugtechnik
3. Elektrotechnik	–
4. Bautechnik	–
5. Holztechnik	–
6. Textiltechnik und Bekleidung	–
7. Chemie, Physik und Biologie	7.1 Laboratoriumstechnik 7.2 Produktionstechnik
8. Drucktechnik	8.1 Druckvorlagen- und Druckformenherstellung 8.2 Druck und Druckverarbeitung/Buchbinderei
9. Farbtechnik und Raumgestaltung	–
10. Körperpflege	–
11. Gesundheit	–
12. Ernährung und Hauswirtschaft	12.1 Gastgewerbe und Hauswirtschaft 12.2 Back- und Süßwarenherstellung 12.3 Fleischverarbeitung
13. Agrarwirtschaft	13.1 Tierischer Bereich 13.2 Pflanzlicher Bereich

Im Berufsfeld 1 „Wirtschaft und Verwaltung" (Kaufmännische Berufsschule) gibt es z.B. folgende Fachklassen: Einzelhandel, Großhandel, Industrie, Bank, Bürokaufleute, Spedition, Arzt- und Apothekenhelferinnen, Steuerberater- und Rechtsanwaltsgehilfen ...

Die Berufsfachschulen im Teilbereich II sind Tagesschulklassen und ermöglichen grundsätzlich Abschlüsse, die denen im allgemeinbildenden Schulwesen gleichgestellt sind (Sekundarabschluß I; erweiterter bzw. qualifizierter Sekundarabschluß I bei entsprechenden Leistungen).

Die dem Teilbereich III zugeordnete Fachoberschule (ein- und zweijährig) vermittelt die fachgebundene Hochschulreife; in der reformierten gymnasialen Oberstufe (Vorstufe [1 Jahr]; Kurssystem [2 Jahre] der jeweiligen speziellen Fachrichtung) kann die **volle** Hochschulreife erworben werden.

Alle Schularten im berufsbildenden Schulwesen (mit Ausnahme des BVJ) zählen zur Sekundarstufe II.

Für die aus der Vielfalt der Schularten resultierenden Besonderheiten gilt es, für die Gestaltung des Deutschunterrichts praktische Vorschläge zu unterbreiten, um nicht nur auf der theoretischen Ebene einen Verständigungs- und Reflexionsprozeß auszulösen bzw. weiterzuführen, sondern auch konkrete Anregungen für die vorherrschende Unterrichtssituation zu geben. Wir ordnen daher – bei allen zugegebenen Problemen der Abgrenzung, Möglichkeiten der Überschneidungen und Zwängen zum Kompromiß – die Schularten im berufsbildenden Schulwesen in 3 Teilbereiche ein, da es weder realistisch noch didaktisch zwingend notwendig ist, für jede einzelne Schulart allein gültige Inhalte festzulegen, getrennte didaktisch-methodische Überlegungen anzustellen und eigene Lehrbücher zu konzipieren.

Die Übernahme von Lehrbüchern aus dem *allgemeinbildenden* Schulbereich bereitet allerdings Schwierigkeiten, weil sie ‚aufbauenden' Charakter haben, d.h. von der 5. Klasse bis zur 10./11. Klasse (früher bis zur 13.) jeweils an die Jahrgangsstufe gebunden sind. In der Regel wird ein Lesebuch und ein Sprachbuch parallel verwandt.

„Deutschunterricht in Berufsschulen darf nicht auf ein verzerrtes Abbild dieses Unterrichts an den allgemeinbildenden Schulen reduziert werden [. . .] Es muß aber auch vermieden werden, daß sich der Deutschunterricht allein auf die zentralen Elemente der Berufsrollen gründet."[22]

In der berufsbildenden Schule ist aufgrund der Zusammensetzung der Klassen, der Struktur, Vorbildung, Ausbildungsjahre, des Alters und der zur Verfügung stehenden Stundenzahl (in der Berufsschule oft nur 1 Std. pro Woche) die besondere Konzeption für Unterrichtswerke notwendig[23]. Der Lehrer muß z.B. „eine Literatur vermitteln, die die soziale Lage der Schüler reflektiert, die geeignet ist, die Berufs- und Freizeitsituation und -interessen der Jugendlichen zu artikulieren und die positive Perspektiven entwickelt"[24].

Außerdem muß im Deutschunterricht in der Berufsschule angestrebt werden, Grundfertigkeiten im Sprechen und Schreiben zu erhalten, weiter auszubauen und zu fördern. Wie Schüler „Informationen aus geschriebenen und gesprochenen Texten entnehmen und kritisch verwerten können, wie Sachzusammenhänge und Probleme erkannt, dargestellt und bewertet werden, wie man fremde Argumentationen verstehen und beurteilen kann und wie letztlich die eigenen Ansichten argumentierend vertreten werden können"[25], sind weitere Themen, die anzusprechen sind. Die Realisation anzustrebender Lernziele und Qualifikationen (Kompetenzen), die im Deutschunterricht von Bedeutung sind, lassen sich wie folgt quantifizieren[26]:

---

22 Klaus-Jürgen Drescher/Günter Fell/Franz Funnekötter, Deutschunterricht in der Berufsschule. Bestandsaufnahme und Aufgaben. In: Die Deutsche Berufs- und Fachschule (1979), Heft 10, S. 763/764.

23 Im Merkur-Verlag, Rinteln, ist für die 3 Teilbereiche ein Lese- und Arbeitsbuch erschienen, in dem der Verfasser als Mitherausgeber versucht hat, einigen Anforderungen und Erfordernissen zu entsprechen; Teilbereich

I: Gesellschaft – Literatur – Beruf. Texte und Materialien für den Deutschunterricht, ²1981 (BGJ, BS, ein- bis zweijährige BFS, HH).

II: Kritisches Lesebuch. Texte und Materialien für den Deutschunterricht, ⁵1979 (mehrjährig); Kritisches Lesebuch – Kurzausgabe. Texte und Materialien für den Deutschunterricht, ⁴1980 (ein- bis zweijährige Berufsfachschulen).

III: Texte und Materialien für Deutschkurse – 1. Sprache und Kommunikation; 2. Jugend und Sozialisation; 3. Literatur und Leser; 4. Arbeit und Freizeit; 5. Natur und Umwelt; 6. Frau und Mann; 7. Krieg, Verfolgung, Widerstand. (Die Reihe wird fortgesetzt; bisher erschienen: Bd. 1, 2.)

24 Christa Lickes-Degemann/Horst Hensel, Überlegungen, Vorschläge und Lehrskizze zum Literaturunterricht für Berufsschüler. In: Die Deutsche Berufs- und Fachschule 73 (1977), Heft 1, S. 19.

25 Klaus-Jürgen Drescher u. a., DU in der Berufsschule, S. 768.

26 Vgl. Klaus Büttner/Bernhard Sowinski, Probleme des Deutschunterrichts in den berufsbildenden Schulen. In: Bernhard Sowinski (Hrsg.), Fachdidaktik Deutsch. Köln: Böhlau ²1980 = Böhlau-Studien-Bücher, S. 349/350.

(1) sprachliche Kompetenz

- Fähigkeit zur Teilnahme an Diskussionen (privat und öffentlich)
- Artikulation und Verteidigung eigener Standpunkte (durch Argumentation)
- Fähigkeit zur mündlichen und schriftlichen Kommunikation
- Erkennen der Kommunikationssituation (Wirkung, Auswirkung, Information, Manipulationsmöglichkeiten)

(2) literarische Kompetenz

- Erfassen der Ereignisebene in der Literatur (Inhalt, Sprache, Form [Ästhetik], Gehalt)
- Teilhabe am kulturellen Leben (Theater, Feuilleton, Unterhaltung, Film, Fernsehen)

(3) fachspezifische Kompetenz

- Fachterminologie (Verstehen und Wiedergabe des Inhalts von Fachtexten)
- Sprachsituationen (Verkaufsgespräche, Auskünfte, Beratungen, Anweisungen, Beschreibungen, Berichte)
- Schreibsituationen (Berichte, Protokolle, Arbeitshefte, [Geschäfts-]Korrespondenz)

Aufgrund der unterschiedlichsten Komponenten in der berufsbildenden Schule (Anerkennung einer allgemeinbildenden Funktion in der berufsbildenden Schule [z.B. Deutsch], unterschiedliche Fähigkeiten und Leistungsqualifikationen des Adressatenkreises, Berücksichtigung der geringen Stundenzahl, Geltung bestimmter berufsbezogener Ausbildungsverpflichtungen) kann man feststellen, daß die Aufgaben des Deutschunterrichts in der berufsbildenden Schule „umfangreicher und wichtiger als in anderen Schularten"[27] sind.

Zur Verdeutlichung didaktisch-methodischer Zusammenhänge (Zusammenfassungen) und für den Einsatz eines Lese- und Arbeitsbuches schlagen wir folgende Einteilung[28] vor (die spezifischen Probleme der Konzeption für die Teilbereiche werden im einzelnen im 2. und 3. Kapitel detailliert angesprochen):

Berufsbildende Schule – Gesamtbereich (Sekundarstufe II)

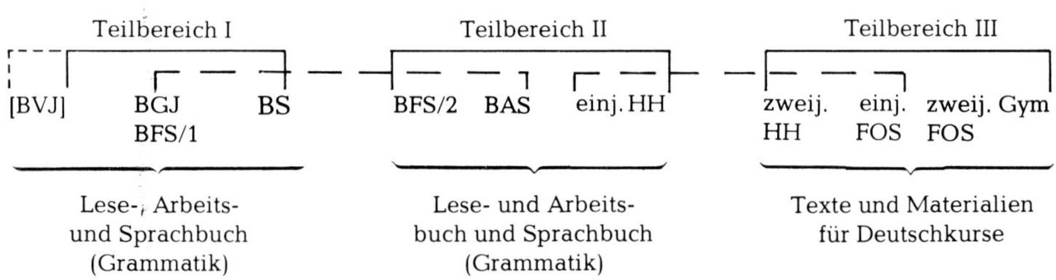

27 Klaus Büttner / Bernhard Sowinski, Probleme des DU in den bb Sch, S. 348.

28 Überschneidungen bzw. schulartumfassende Einsatzmöglichkeiten werden durch die gestrichelte Linie angedeutet.

2 BEDINGUNGEN DES DEUTSCHUNTERRICHTS IN DEN WICHTIGSTEN SCHULARTEN DER BERUFSBILDENDEN SCHULE

2.1 Rahmenbedingungen des Deutschunterrichts in der berufsbildenden Schule

Das berufsbildende Schulwesen umfaßt eine Vielzahl ganz unterschiedlicher Schulformen, differenziert aufeinander bezogener Schularten, mit einem für den Laien häufig undurchsichtigen System abgestimmter Eingangsvoraussetzungen, vermittelter Abschlüsse und Berechtigungen. Oft ist sogar den Schülern selbst unklar, wozu der angestrebte Abschluß der von ihnen besuchten Schulart im einzelnen berechtigt und welche anderen Schularten mit weiterführenden, aufbauenden Bildungsgängen an der von ihnen besuchten Schule oder gar im gesamten System beruflicher Bildung vertreten sind.

Diese Vielfalt berufsbezogener Schularten und -formen kennzeichnet die Unmöglichkeit, allgemeine Aussagen über **den** Deutschunterricht im berufsbildenden Schulwesen zu treffen und ist auch gleichzeitig Unterscheidungsmerkmal zu der allgemeinbildenden Schule. Die pädagogische Situation des Lehrers an berufsbildenden Schulen – und besonders die des Deutschlehrers – ist dadurch geprägt, daß er sich als ‚Meister aller Klassen' oft in zeitlich unmittelbarer Folge auf grundlegend verschiedene Unterrichtssituationen einstellen muß: wurden z.B. in der ersten und zweiten Stunde von ihm Fähigkeiten im Bereich der Sonderpädagogik gefordert, um den Deutschunterricht im BVJ zu bewältigen, muß er vielleicht anschließend auf dem Abstraktionsniveau des Kurssystems der reformierten gymnasialen Oberstufe im Gymnasium – fachwissenschaftliche Richtung – unterrichten.

Häufig ist darüber hinaus auch noch die Zusammensetzung der Klassen im Hinblick auf die Leistungsfähigkeit und -bereitschaft der Schüler, ihre schulische Vorbildung, ihr Alter und ihre soziale Situation so inhomogen, daß ein Unterricht ohne die Möglichkeit zu innerer Differenzierung zum Scheitern verurteilt ist, auch wenn sich der Lehrer noch soviel Mühe gibt. Die von den Deutschlehrern im berufsbildenden Schulwesen häufig besonders stark empfundenen Belastungen des Schulalltags haben z.T. hier ihren Ursprung. Ein Vergleich der in den Stundentafeln verschiedener Schularten des berufsbildenden Schulwesens vorgesehenen Stundenzahl für den Deutschunterricht bietet einen weiteren Hinweis auf die organisatorischen Bedingungen, die den Deutschunterricht im berufsbildenden Schulwesen strukturieren und zu einem Problem machen.

Neben dem vorgesehenen *ein*stündigen Deutschunterricht an der Berufsschule – der zudem in der Praxis oft ganz oder teilweise ausfällt – weist die Stundentafel für die Berufsfachschule (Oberstufe) oder die Fachoberschule z.B. 5 Wochenstunden für den Unterricht im Fach Deutsch aus. Die sich daraus ergebenden Schwierigkeiten für eine didaktisch und methodisch angemessene und sachgerechte Unterrichtsplanung sowie für die Erstellung geeigneter Unterrichtsmaterialien liegen auf der Hand.

Die Vielfalt von Rahmenrichtlinien, Richtlinien, Handreichungen, Empfehlungen oder Lehrplänen im berufsbildenden Schulwesen dokumentiert ebenfalls sinnfällig die angesprochene Problematik. Der Vergleich der in den Rahmenrichtlinien angestrebten Richtziele des Deutschunterrichts in den verschiedenen Schularten zeigt ein Spektrum auf, das von der Kompensation sprachlicher Defizite als mangelnde Kommunikationsfähigkeit[1] oder als unzureichende Beherrschung sprachlicher Regeln bis zu solchen Zielen wie ‚Einsicht in die Funktion sprachlicher Strukturen'[2], die sprachkritische Betrachtungen auf der Grundlage entsprechender Kenntnisse verlangen, reicht.

Die Darstellung und Analyse des den Deutschunterricht der verschiedenen Schularten begrenzenden Bedingungsrahmens soll dem Leser einen kurzen informativen Überblick ermöglichen und ihm – bezogen auf den Deutschunterricht – wesentliche Problemfelder aufzeigen; eine ausführlichere Auseinandersetzung mit der jeweiligen Schulart kann in diesem Zusammenhang nicht geleistet werden.

Die Untersuchung der verschiedenen Rahmenrichtlinien für den Deutschunterricht geschieht unter der Fragestellung, ob sie die besondere Situation der Schüler im berufsbildenden Schulwesen reflektieren und Möglichkeiten eröffnen, den Deutschunterricht schülergerecht zu gestalten. Es wird überprüft, ob sie den Stand der fachwissenschaftlichen und didaktischen Diskussion widerspiegeln und welche Freiräume dem Lehrer zur Planung und Gestaltung seines Unterrichts bleiben.

Eine kurze Darstellung der zu erwartenden, jeweils schulartenspezifischen Zusammensetzung der Schüler bildet den Ausgangspunkt für einige Hinweise auf eine Gestaltung des Deutschunterrichts, mit dessen didaktisch-methodischer Anlage Schülerinteressen berücksichtigt werden können. (Auf geringfügige Abweichungen in den einzelnen Bundesländern wird nicht ausdrücklich hingewiesen.)

---

1 Vgl. z.B. die Rahmenvereinbarungen über das BGJ, Beschluß der KMK vom 19.05.1978, S. 12.

2 Vgl. Rahmenrichtlinien für das Fach Deutsch in der Fachoberschule, Beschluß der KMK vom 20.11.1975. Hrsg. von der Ständigen Konferenz der KM der Länder. Neuwied: Luchterhand 1976.

2.2 Tabellarischer Überblick über das Bedingungsfeld des Deutschunterrichts in der berufsbildenden Schule

Überblick über das Bedingungsfeld des Deutschunterrichts in der berufsbildenden Schule – Teilbereich I –

Schularten / Bedingungsfaktoren	Berufsvorbereitungsjahr BVJ	Berufsgrundbildungsjahr BGJ	Berufsschule BS
Eingangsvoraussetzungen	keine	keine	bestehendes Berufsausbildungsverhältnis
Zielgruppe	Jugendliche – ohne Hauptschulabschluß – ohne Berufsausbildungsverhältnis – ohne ‚Berufsreife'	Jugendliche, die – ein Berufsausbildungsverhältnis abgeschlossen haben oder – eine Berufsfeldentscheidung getroffen haben	Auszubildende
vermittelter schulischer Abschluß		Hauptschulabschluß	Hauptschulabschluß
geforderter Leistungsnachweis für die Erlangung des Abschlusses		– Abschluß Sonderschule – Abschluß 8. Klasse Hauptschule – mindestens ausreichende Leistungen in den Fächern des berufsfeldübergreifenden und des fachtheoretischen Bereichs	– Abschluß Sonderschule – Abschluß 8. Klasse Hauptschule – mindestens ausreichende Leistungen in allen Fächern des Abschlußzeugnisses
Wochenstundenzahl DU lt. Stundentafel	2–4	2	1–2
Richtziele des DU lt. Rahmenvereinbarung der KMK	Befähigung zu sprachlicher Kommunikation in lebensbedeutsamen Situationen	angemessene sprachliche Bewältigung gegenwärtiger und zukünftiger Berufs- und Lebenssituationen	Eine länderübergreifende KMK-Vereinbarung liegt nicht vor; im allgemeinen Orientierung auf die sprachliche Bewältigung der Berufsanforderungen
Im DU zu behandelnde Themenkreise	– Auffinden von Informationen – Informationen vergleichen, beurteilen und einordnen – schriftliche und mündliche Selbstdarstellung in verschiedenen Kommunikationssituationen	– Grundlagen sprachlicher Kommunikation – Reaktivierung elementarer Sprachnormen – Techniken der Informationsbeschaffung – Produktion expositorischer Texte – Textbetrachtungen (Literatur/Trivialliteratur)	Nicht länderübergreifend festgelegt; – im allgemeinen Schwerpunkt auf Kulturtechniken, Schriftverkehr – bezogen auf die Berufspraxis –, – Sprache und Kommunikation – Analyse und Produktion von Texten (literarisch / nichtliterarisch)

Überblick über das Bedingungsfeld des Deutschunterrichts in der berufsbildenden Schule – Teilbereich II –

Schularten / Bedingungsfaktoren	Berufsfachschule BFS [1jährig]	Berufsfachschule BFS 2jährig	Berufsaufbauschule BAS	Höhere Handelsschule HH*
Eingangsvoraussetzungen	keine	HS-Abschluß	Sek-I-Abschluß **und** abgeschlossene bzw. begleitende Berufsausbildung	Sek-I-Abschluß
Zielgruppe	Jugendliche, die den HS-Abschluß nachholen wollen und eine Berufsfeldentscheidung getroffen haben	Jugendliche, die den Sek-I-Abschluß erwerben wollen und weiterführende Bildungsgänge anstreben	Jugendliche mit Berufsausbildung, die weiterführende Abschlüsse/Bildungsgänge anstreben	Jugendliche, die sich auf eine kaufmännische Aus- bzw. Weiterbildung vorbereiten wollen
vermittelter Schulabschluß	HS-Abschluß	einfacher oder erweiterter Sek-I-Abschluß	einfacher oder erweiterter Sek-I-Abschluß, Fachschulreife	erweiterter Sek-I-Abschluß (nur, falls beim Eintritt in die HH nicht vorhanden)
geforderter Leistungsnachweis für die Erlangung des Abschlusses	Abschluß der Sonderschule bzw. der 8. Kl. HS und mindestens ausreichende Leistungen in allen Fächern des Abschlußzeugnisses	Abschlußprüfung und höchstens eine mangelhafte Zensur **ohne** Ausgleich	Abschlußprüfung	Abschlußprüfung
Wochenstundenzahl DU lt. Stundentafel	2	3–5	4–5	Eine länderübergreifende Vereinbarung liegt nicht vor; in der Regel 3
Richtziele des DU lt. Rahmenvereinbarung der KMK	Darstellung von Sprache als Mittel der Kommunikation	Darstellung von Sprache als Mittel der Kommunikation	über die Berufsausbildung hinausgehende Förderung der Allgemeinbildung	Rahmenrichtlinien liegen nicht vor, dementsprechend keine länderübergreifende verbindliche Regelung
Im DU zu behandelnde Themenkreise	– Elementare Sprachnormen (Reaktivierung) – Grundlagen sprachlicher Kommunikation – Techniken der Informationsbeschaffung – Produktion expositorischer Texte	siehe BFS 1jährig **und** – Textbetrachtung – argumentierende mündliche Sprachbetrachtung – schriftliche (argumentierende) Erörterungen	vgl. BFS	keine länderübergreifende verbindliche Regelung; vgl. BFS/FOS

* In einigen Bundesländern gibt es die Zweijährige HH; sie vermittelt im Gegensatz zur Einjährigen HH die fachgebundene Hochschulreife.

Überblick über das Bedingungsfeld des Deutschunterrichts in der berufsbildenden Schule – Teilbereich III –

Schularten / Bedingungsfaktoren	Fachoberschule FOS	Gymnasiale Oberstufe – fachwissenschaftliche Richtung Gym
Eingangsvoraussetzungen	Sek-I-Abschluß und abgeschlossene Berufsausbildung	erweiterter Sek-I-Abschluß
Zielgruppe	weiterbildungswillige Jugendliche und Erwachsene der verschiedenen Berufsfelder	Jugendliche, die den Sek-II-Abschluß und/ oder ein Hochschulstudium anstreben
vermittelter schulischer Abschluß	Fachhochschulreife	Sek-II-Abschluß (allgemeine Hochschulreife)
geforderter Leistungsnachweis für den vermittelten Abschluß	Abschlußprüfung und höchstens eine mangelhafte Zensur **ohne** Ausgleich	Abschlußprüfung (Abitur)
Wochenstundenzahl DU lt. Stundentafel	4–5	Vorstufe (Klasse 11): 3 Hauptstufe (4 Semester): Grundkurse (3stündig)
Richtziele des DU lt. Rahmenvereinbarung der KMK	Einsicht in sprachliche Strukturen und deren Funktion Weckung literarischen Interesses	Sprache und Literatur
Im DU zu behandelnde Themenkreise	– Beschaffung, Überprüfung, Weitergabe und Kritik von Informationen – Reflexion über Sprache und Literatur – Textanalyse und -produktion	– Arbeitstechniken (Informationsbeschaffung und -verarbeitung) – Arbeitsstrategien (Methoden) – Kommunikationsfähigkeit – Umwelt- und Sozialverhalten – kritische Rezeption der Literatur (in allen Formen) aus Vergangenheit und Gegenwart (literarische Epochen)

2.3 Deutschunterricht in der berufsbildenden Schule – Teilbereich I – (BVJ, BGJ, BS)

2.3.1 Rahmenbedingungen des Deutschunterrichts im Berufsvorbereitungsjahr (BVJ)

Für Jugendliche, die „noch nicht für eine Berufsausbildung oder den Besuch einer anderen beruflichen Vollzeitschule befähigt sind“[3], besteht seit August 1980 in allen Bundesländern eine zwar unterschiedlich benannte[4], aber hinsichtlich ihrer

3 Erlaß des Niedersächsischen Kultusministers vom 27.02.1980 zur Arbeit im Berufsvorbereitungsjahr; vgl. auch den ähnlich lautenden Erlaß des KM in Nordrhein-Westfalen vom 19.04.1974.

4 Z.B. ‚berufsbefähigendes Jahr' in Schleswig-Holstein; ‚berufsbefähigende Lehrgänge' in Nordrhein-Westfalen.

Aufgabe, Zielgruppe und ihres Aufbaus gleich konzipierte besondere Form schulischer Berufsgrundbildung.

Gesetzliche Grundlage für diese *Sonderform* des Berufsgrundbildungsjahres (BGJ) bilden die Rahmenvereinbarungen der Kultusministerkonferenz (KMK) zum BGJ vom 06.09.1973 und 15.05.1978. Ihre Einführung wird als bildungspolitische Maßnahme gegen die seit 1974 andauernde Jugendarbeitslosigkeit in Verbindung mit einem anhaltenden Mangel an ausreichenden geeigneten Ausbildungsplätzen gewertet.

Jugendliche, die ihre 12jährige gesetzliche Schulpflicht noch nicht erfüllt, keinen Hauptschulabschluß erworben und keinen Ausbildungsplatz gefunden haben, sollen nach mindestens neunjährigem Besuch einer allgemeinbildenden Schule in das sogenannte BVJ aufgenommen werden. Grundsätzlich haben die Jugendlichen bzw. ihre Erziehungsberechtigten selbst die Entscheidungskompetenz darüber, ob sie das Berufsvorbereitungsjahr, das Berufsgrundbildungsjahr oder die einjährige Berufsfachschule besuchen werden. Alle drei genannten Schularten setzen keinen bestimmten schulischen Abschluß voraus, sind also hinsichtlich ihrer Eingangsvoraussetzungen gleichwertig.

Da jedoch den Schülern, „die aus der 8. Klasse der Hauptschule oder tiefer bzw. aus einer Sonderschule ohne Abschluß entlassen worden sind [. . .] durch eine entsprechende Beratung aufgezeigt werden sollte, daß der Weg über das Berufsvorbereitungsjahr für sie der bessere ist"[5], kann davon ausgegangen werden, daß sich im BVJ auch der obengenannte Schülerkreis einfindet.

Damit soll das BVJ in aller Regel die Berufsschulklassen für Jugendliche ohne Ausbildungsverträge ablösen, denn immerhin sind die Jugendlichen mit diesem einen Jahr die oft als lästig empfundene dreijährige Berufsschulpflicht los. „Kaum ein Arbeitgeber nimmt sie, solange sie berufsschulpflichtig sind. Finden sie Arbeit, geht oft genug der Schultag vom Lohn ab."[6]

Grundsätzliche bildungspolitische Zielvorstellung für das **BVJ** ist, die Jugendlichen durch allgemeine und fachliche Lerninhalte dazu zu befähigen, anschließend

- direkt eine Berufstätigkeit ausüben zu können,
- in ein BGJ überzuwechseln,
- eine Berufsausbildung aufzunehmen.

Die Fachpraxis, mit der die Schüler i.d.R. in mindestens zwei Berufsfelder eingeführt werden sollen, steht im Vordergrund der Ausbildung. Fachtheorie und allgemeinbildende Fächer sind in die fachpraktische Ausbildung zu integrieren. Der Niedersächsische Kultusminister fordert sogar, „daß im Sinne der Projektmethode thematisch passende Inhalte aus anderen Fächern (z.B. Deutsch oder Gemeinschaftskunde) an das didaktische Zentrum (nämlich die Fachpraxis, der Verf.) angelagert werden"[7].

---

5 Erlaß des Niedersächsischen KM vom 27.02.1980.

Anmerkung: Mit dem Besuch des BVJ/BGJ gilt die gesetzliche Schulpflicht als erfüllt.

6 Fritz Fetzer, Gebt ihnen Kuscheltiere statt Schulwissen. In: Die Zeit, Nr. 13 vom 21.03.1980.

7 Erlaß des Niedersächsischen KM vom 27.02.1980.

Die für den Unterricht im BVJ angestrebten Lernziele und die ausgewählten Lerninhalte sind eng an die des BGJ angelehnt, sollen aber – was immer das genauer bedeuten soll und kann – „entsprechend didaktisch aufbereitet"[8] werden.

Der reale Inhalt, den das nüchterne Wort ‚entsprechend' für den Lehrer, der die geforderte didaktische Aufbereitung leisten muß, haben kann, wird vielleicht in folgender Schilderung einer alltäglichen Unterrichtssituation im BVJ deutlich:

„Die Sprache trennt Lehrer und Schüler in meterhohe Gruften. Das Thema steht im Rahmenplan. Sie begreifen so gut wie nichts. Nadelarbeit rettet den Tag. Sie stellen Stofftiere her, die sie mit ins Bett nehmen. [. . .] Vierzehn Schülerinnen sind anwesend. Von Disziplin kann keine Rede sein. Manchmal fesselt sie das Thema, wenn der Bezug zu ihrem gegenwärtigen oder vergangenen Leben gelingt. Dann träumen sie wieder, und der Unterricht zieht an ihnen vorbei wie ein gestörtes Telefongespräch."[9]

Für die Einschätzung, daß die „innerschulischen Rahmenbedingungen für das BVJ neue pädagogische Möglichkeiten bieten", spricht, daß „der im BGJ vorherrschende legitimatorische Anpassungsdruck durch die Wirtschaft fehlt"[10] und daß es nicht um eine Anrechnung auf eine Berufsausbildung geht. Im Gegensatz zu anderen Formen schulischer berufsbezogener Bildung kann auch leichter eine Dominanz der durch Lehrpläne und Richtlinien vermittelten Stoffülle vor pädagogischen Zielsetzungen durchbrochen werden. „Die zu vermittelnde Bildung kann stärker ‚subjektiviert' werden."[11] Es ist möglich, auf traditionelle Klassenarbeiten, Tests (Lernzielkontrollen) zu verzichten. Für die Verwirklichung der ministeriell geforderten *besonderen pädagogischen Betreuung* erscheint die Regelung über die Klassenstärke (eine BVJ-Klasse kann bis zu 20 Schüler umfassen) zu hoch angesetzt.

Indem sich das BVJ an dem Sonderschüler bzw. Hauptschüler ohne Abschluß orientiert und ihn mit der Absolvierung dieser Sonderform beruflicher Grundbildung von seiner allgemeinen, gesetzlichen Schulpflicht befreit, kommt auch dem **Deutschunterricht** in dieser Schulform besondere Bedeutung zu: Für die Mehrzahl der Schüler wird er der letzte Unterricht im Fach Deutsch für den Rest ihres Lebens sein. Da Schulerfolg auch heute noch in engem Zusammenhang mit sprachlichen – schriftlichen und mündlichen – Fähigkeiten steht, ist anzunehmen, daß sich der bisherige schulische Mißerfolg der BVJ-Schüler wesentlich auf sprachliche Mißerfolge gründet. Auf die besondere Problematik des hohen Anteils von Kindern ausländischer Arbeitnehmer im BVJ soll hier nur kurz aufmerksam gemacht werden. Sie bedarf einer gesonderten und gründlichen Aufarbeitung.

Eine ausreichende Motivation der Schüler für ausgewählte Unterrichtsinhalte setzt unseres Erachtens sonderpädagogische Fähigkeiten voraus. Auf eine solche Aufgabe ist der Lehrer an berufsbildenden Schulen jedoch genauso wenig durch seine Ausbildung vorbereitet wie auf die Bewältigung des Problems ungenügender Sprachkenntnisse der Kinder ausländischer Arbeitnehmer im Deutschunterricht.

---

8 Erlaß des Niedersächsischen KM vom 27.02.1980.

9 Fritz Fetzer, Gebt ihnen Kuscheltiere.

10 Fritz Többe, Zur Chance des BVJ. In: Die berufsbildende Schule (Juni 1980), S. 364.

11 Fritz Többe, Zur Chance des BVJ, S. 364.

Für Schüler des BVJ (und wohl auch für die Lehrer), die mit dem Unterrichtsfach Deutsch vorwiegend Mißerfolgserlebnisse und individuelle Unfähigkeit assoziieren, erscheint der methodische Weg eines im Sinne der Projektmethode in die Fachpraxis integrierten Deutschunterrichts am erfolgversprechendsten. Erste Berichte bestätigen diese Vermutung[12], jedoch liegen noch keine ausgewerteten Erfahrungen, Ergebnisberichte oder wissenschaftliche Analysen darüber vor, Lernziele und -inhalte des Deutschunterrichts planvoll in den Zusammenhang eines durch die Fachpraxis bestimmten Projektes zu integrieren.

Voraussetzung für eine Verstärkung des **Projektunterrichts** im BVJ ist, daß einengende schulorganisatorische Grenzen (wie z.B. Stundenplan, 45-Minuten-Takt, räumliche und technische Voraussetzungen) überwunden werden können, um eine Reform der beruflichen Bildung auf dieser Ebene zu erreichen.

Die Zielsetzungen der Rahmenrichtlinien der KMK für das Fach Deutsch im BVJ erfordern ihrerseits geradezu die Methode des praxisbezogenen Projektunterrichtes. Eine Befähigung der Schüler „zu sprachlicher Kommunikation in den Lebenssituationen, die für sie bedeutsam sind", mit der Begründung, daß „sprachliche Kommunikation entscheidender Faktor im Sozialisierungsprozeß ist"[13], verlangt eine Überwindung der einengenden Fächergrenzen und des beengten, lebensfernen ‚Schonraumes' Schule mit Hilfe praxisorientierter Projekte. Ob das verwirklicht werden kann, wird davon abhängen, was an Veränderungen der Schulwirklichkeit erreicht werden kann.

Deutschlehrer im berufsbildenden Schulwesen sollten zusammen mit anderen Fachlehrern und Lehrern für Fachpraxis solche Projekte planen, in denen Ziele und Inhalte des Deutschunterrichts integraler, aber ausgewiesener Bestandteil sind.

2.3.2 *Rahmenbedingungen des Deutschunterrichts im Berufsgrundbildungsjahr (BGJ)*

Auf der Grundlage der Rahmenvereinbarungen der KMK vom 19.05.1978 wird das BGJ als erste Stufe der Berufsausbildung in allen Bundesländern der Bundesrepublik Deutschland und in Berlin (West) entweder als Vollzeitschule oder in kooperativer Form im dualen System durchgeführt werden. Im BGJ soll über die Dauer eines Jahres berufliche Grundbildung in einem von insgesamt bisher dreizehn möglichen Berufsfeldern[14] vermittelt werden. Sie soll die Grundlage für eine aufbauende berufliche Fachbildung bieten, die wie bisher im traditionellen dualen System der Berufsausbildung stattfindet und eine fachlich spezialisierte Ausbildung zu bestimmten Berufen leistet.

Eine flächendeckende Einführung des BGJ ist noch nicht in allen Bundesländern und für alle Berufsfelder abgeschlossen. Gegenwärtig existiert also die traditionelle und die neue Form der ersten Stufe der Berufsausbildung nebeneinander.

12 Vgl. z.B. Berichte in: Die berufsbildende Schule (Febr. 1979).

13 Rahmenvereinbarung über das BGJ. Beschluß der KMK vom 19.05.1978.

14 Überblick über die Berufsfelder, in denen eine berufliche Grundbildung erworben werden kann, vgl. S. 18.

Das BGJ ist Resultat eines großangelegten Reformvorhabens, mit dem die traditionelle Berufsausbildung im dualen System eine grundlegende Neuorientierung erhalten sollte. Mit der Stufung der Berufsbildung in berufsorientierte Grundbildung und eine darauf aufbauende Fachbildung verbanden sich bildungspolitische Reformvorstellungen, die u.a. eine Erleichterung der Berufswahl, eine bessere Verbindung von berufstheoretischem Wissen und berufspraktischem Können, die Verbesserung theoretischer Qualifikationen der Schüler in beruflichen und allgemeinbildenden Bereichen, Integration beruflicher und allgemeiner Bildung, Verbesserung der Lern- und Umstellungsfähigkeiten der Schüler im Hinblick auf später notwendige Berufs- und Tätigkeitswechsel anstrebten. In der Neufassung des Berufsbildungsgesetzes von 1969 wurde diesen Reformvorstellungen Rechnung getragen und gesetzlich festgeschrieben, daß die Berufsausbildung eine „breit angelegte berufliche Grundbildung" und „die für die Ausübung einer qualifizierten beruflichen Tätigkeit notwendigen fachlichen Fertigkeiten und Kenntnisse in einem geordneten Ausbildungsvertrag zu vermitteln"[15] habe. Mit der zu verzeichnenden Verschlechterung der Arbeitsmarktsituation und der damit verbundenen Jugendarbeitslosigkeit trat neben die bildungspolitischen Zielvorstellungen zum BGJ seine Etablierung als quantitative Bewältigung aktueller Krisenerscheinungen an der Nahtstelle zwischen Beschäftigungssystem und Bildungssystem[16]. Das Ziel flexibler und zukunftsorientierter Berufsausbildung für die Breite eines Berufsfeldes wurde durch frühzeitige Schwerpunktbildung – d.h. Spezialisierung während der beruflichen „Grundbildung" – in der Praxis relativiert. Gegenwärtig wird die Auseinandersetzung um das BGJ und seine Durchführungsbedingungen als Diskussion um die Zukunft der Berufsausbildung wieder kontrovers geführt. Um die rechtliche und politische Unsicherheit über das schulische BGJ zu beseitigen, hat die Bundesregierung in die von ihr erlassenen Ausbildungsordnungen, die die Ausbildungsbetriebe rechtlich binden, eine Regelung aufgenommen, mit der festgeschrieben wird, daß ein erfolgreich absolviertes schulisches BGJ als erstes Ausbildungsjahr anzurechnen ist.

Die Auseinandersetzungen um die Konzeption des BGJ machen deutlich, daß unterschiedliche Interessengruppen ihren Einfluß auf die formale und inhaltliche Gestaltung der beruflichen Erst- und Grundbildung geltend machen. Die Ausbildungsbetriebe sind in ihren Ausbildungsinteressen – anders als beim BVJ – unmittelbar von der Gestaltung und den Ergebnissen der beruflichen Grundbildung im BGJ betroffen. Dementsprechend wird auch im Deutschunterricht der reale pädagogische Freiraum unterrichtlicher Gestaltung nicht nur durch Vorgaben der Rahmenrichtlinien, sondern möglicherweise auch durch die Erwartungen der Ausbildungsbetriebe bestimmt. Die bisherigen Erfahrungen im Rahmen der Berufsausbildung machen den Hinweis erforderlich, daß sich diese Erwartungen nicht auf die Abschaffung eines als überflüssig erachteten Deutschunterrichts oder auf seine Reduktion als Kompensation von Kulturtechnikdefiziten beschränken dürfen.

Die in den Rahmenrichtlinien festgelegten Stundentafeln für den Unterricht im BGJ lassen aus der Gewichtung den hervorragenden Stellenwert des fachpraktischen (12 Std.) und fachtheoretischen (8 Std.) Unterrichts (insgesamt 20 Std.) erkennen. Demgegenüber nimmt sich der allgemeinbildende berufsfeldübergreifende Bereich mit insgesamt 8 Wochenstunden recht bescheiden aus. Zwei der

15 Berufsbildungsgesetz vom 14.08.1969, § 1, 2.

16 Vgl. Lehrlingshandbuch. Alles über Lehre, Berufswahl, Arbeitswelt. Reinbek: Rowohlt 1977, S. 95–119.

acht Wochenstunden entfallen auf den Unterricht im Fach Deutsch, wobei die Empfehlung erteilt wird, daß die Fächer Deutsch und Gemeinschaftskunde möglichst von einem Lehrer unterrichtet werden sollten. Dieses erscheint in der Tat schon wegen der besseren Möglichkeiten zu fächerübergreifendem Unterricht sinnvoll, allerdings nicht nur im BGJ, sondern in **allen** Schularten.

Die Bedeutung der Fächer des berufsfeldübergreifenden Bereichs wird für die Schüler, die mit dem Besuch des BGJ gleichzeitig den Hauptschulabschluß erwerben wollen, durch die Bestimmung aufgewertet, daß die Leistungen im berufsfeldübergreifenden Bereich mindestens ausreichend sein müssen.

Der Eintritt in das BGJ setzt keinen besonderen schulischen Abschluß voraus; sein erfolgreicher Besuch bestätigt dem Schüler ohne Hauptschulabschluß einen Bildungsstand, der dem erfolgreichen Besuch der Hauptschule entspricht. Entsprechend der BGJ-Anrechnungsverordnung ist es als erstes Jahr der Berufsausbildung anzurechnen und befreit von einer weiteren Schulpflicht, wenn nach Abschluß des BGJ kein Ausbildungsverhältnis angetreten wird.

In den Gebieten, in denen das BGJ noch nicht flächendeckend und für alle Ausbildungsberufe verbindlich eingeführt wurde, ist der Kreis der Schüler, die das BGJ besuchen, auf solche Jugendliche eingegrenzt, die keinen Ausbildungsplatz gefunden haben. Die Erfahrungen haben gezeigt, daß ein freiwilliger Besuch des BGJ vorwiegend von Jugendlichen ohne Ausbildungsverhältnis wahrgenommen wird mit der Zielvorstellung, die Zeit bis zum Abschluß eines Ausbildungsverhältnisses zu überbrücken. In den Gebieten und Berufsfeldern, in denen das BGJ als für alle verbindliche erste Stufe der Berufsausbildung flächendeckend eingeführt wurde, ist im allgemeinen eine sehr heterogene Zusammensetzung der Schüler im Hinblick auf Alter und bisher erreichte schulische Abschlüsse zu verzeichnen. Beide Ausgangssituationen stellen gerade an den **Deutschunterricht** recht unterschiedliche Anforderungen. Während sich im fachpraktischen Unterricht unterschiedliche Bildungsvoraussetzungen kaum störend auswirken müssen, ist in den berufsfeldübergreifenden Fächern innere Differenzierung notwendig, um Über- oder Unterforderungen der Schüler zu vermeiden. In Unterrichtsphasen, die sich zur Gruppenarbeit eignen, können unterschiedliche Leistungsvoraussetzungen der Schüler durch eine entsprechende Zusammensetzung der Gruppen ausgeglichen werden. Denkbar ist einerseits, daß bei arbeitsgleicher Gruppenarbeit die Gruppenzusammensetzung so erfolgt, daß in jeder Gruppe leistungsschwächere und leistungsstärkere Schüler zusammenarbeiten und somit untereinander solidarisch Leistungsunterschiede ausgleichen. Andererseits können Gruppenarbeitsphasen auch themenverschieden so ausgebaut werden, daß leistungsschwächere und leistungsstärkere Gruppen eine ihrem Leistungsvermögen angeglichene Aufgabenstellung bearbeiten können.

Die Ziele und Inhalte des Deutschunterrichts, die nach den Vorstellungen der KMK erreicht und vermittelt werden sollen, decken sich weitgehend mit denen der einjährigen Berufsfachschule und der Unterstufe der zweijährigen Berufsfachschulen. Allerdings sind im Lehrplan der zweijährigen BFS 3 Unterrichtsstunden pro Woche im Fach Deutsch vorgesehen, während im BGJ und der BFS/1 der Stoff in 2 Wochenstunden bewältigt werden muß. Da der Übergang aus einem erfolgreich abgeschlossenen BGJ in die Oberstufe der zweijährigen BFS für fortbildungsbereite Schüler fließend möglich sein soll, ist eine enge Abstimmung der Ziele und Inhalte des Deutschunterrichtes beider Schularten erforderlich.

Die Grundkonzeption der Rahmenpläne beider Schularten besteht darin, Sprache als Mittel der Kommunikation zu begreifen und die Fähigkeiten der Schüler zur Teilnahme am Kommunikationsprozeß zu verbessern. Daß dieses Grobziel nicht zu einer Vermittlung von Kulturtechniken oder zu einer Kompensation von Defiziten in diesem Bereich eingeengt werden darf, wird daraus deutlich, daß Schüler auch lernen sollen, ihre eigenen Interessen sprachlich wirksam zu artikulieren und zu verteidigen.

Der zu behandelnde Stoff ist in 5 Lehreinheiten gegliedert (1. Informationsbeschaffung und -verarbeitung – 2. Einflußfaktoren auf Kommunikation – 3. Textbetrachtung – 4. Mündliche Textgestaltung – 5. Schriftliche Textgestaltung), die in Kursform behandelt werden können[17]. Die „Reaktivierung elementarer Sprachnormen (Satz- und Wortlehre, Rechtschreibnormen)" sollte „begleitend" behandelt werden, weil eine kompakte Wiederholung des Regelsystems kaum auf Interesse und Mitarbeitsbereitschaft bei den Schülern stoßen wird. Eine „Reaktivierung elementarer Sprachnormen" kann durch den Themenkreis „Erlernung von Arbeitstechniken" ergänzt werden. Die Informationsbeschaffung über Rechtschreibung und Zeichensetzung ist eine Arbeitstechnik, die mit dem Duden für Rechtschreibung geübt werden kann. Die Beherrschung des Umgangs mit dem Duden erscheint im Hinblick auf sich rasch wandelnde Sprachnormen ohnehin sinnvoller, als die Einübung vielfältiger Regeln, die ebenso vielfältige Ausnahmen aufweisen. Im Bereich des BGJ – Wirtschaft und Verwaltung – ist der sichere Umgang mit dem Duden ohnehin absolut unverzichtbar. Die beiden angesprochenen Themenkreise lassen sich auch sinnvoll in fächerübergreifende Unterrichtsprojekte integrieren, bei denen die Fachpraxis (z.B. Verkauf) im Zentrum steht und Techniken der Informationsbeschaffung (auch über Rechtschreibung!) in ihrem Zusammenhang behandelt und geübt werden können.

2.3.3 Rahmenbedingungen des Deutschunterrichts in Berufsschulen (BS)

Die Berufsschule ist Bestandteil des ‚Dualen Systems' der Berufsausbildung, d.h., sie ist der Lernort für die allgemeinbildende, theoretische und zum Teil auch fachpraktische Ergänzung der vorwiegend *praxis*gerichteten Ausbildung am Lernort Betrieb. Die Ausbildung in der Berufsschule hat also berufsbegleitenden Charakter mit der grundsätzlichen Aufgabe, die betriebliche Ausbildung – die im Zentrum der Berufsausbildung steht – zu *ergänzen.*

Während die Ausbildung in der Berufsschule staatlich organisiert und kontrolliert ist, unterliegt die betriebliche Ausbildung keiner direkten staatlichen Kontrolle, sondern ist im allgemeinen privatwirtschaftlich organisiert und nur im Rahmen der bestehenden Gesetze zur Berufsausbildung kontrollierbar. „Die Privatwirtschaft hat dabei einen weitaus größeren Einfluß (Kammerprüfungen, finanzielle Zuwendungen . . .) auf die schulische Ausbildung als umgekehrt der Staat auf die betriebliche Ausbildung."[18] Die Dauer der Berufsausbildung liegt zwischen zwei und

---

17 Zum 1. Kurs „Informationsaufnahme durch Arbeit an sachbezogenen Darstellungen" in den „Handreichungen für den Unterricht in den Fächern Sozialkunde, Deutsch, Englisch im BGJ" sind Materialien erstellt. Vgl. Der Nds. Kultusminister (Hrsg.), Materialien für das Fach Deutsch im BGJ. Hannover 1978.

Rahmenrichtlinien für die allgemeinbildenden Fächer werden gegenwärtig (1981) in einigen Bundesländern durch Fachkommissionen erarbeitet.

18 Lehrlingshandbuch, S. 95.

drei Jahren. Sie richtet sich nach der durch die Ausbildungsordnungen für die verschiedenen Berufe festgelegten allgemeinen Regelung und der individuell im Ausbildungsvertrag getroffenen Vereinbarung. Der Berufsschulunterricht wird für die Dauer des Ausbildungsverhältnisses in Teilzeitform ein- bis zweimal wöchentlich oder im Blockunterricht (6 Wochen zusammenhängend) erteilt.

Die Schulgesetze der Bundesländer sehen zwischen 8 und 12 Wochenstunden Unterricht an einem oder zwei Berufsschultag(en) in der Woche vor. Wenn ein Stundenausfall durch unzureichende Organisation (Ausstattung der Schulen mit Räumen, Mitteln und/oder Lehrern) nötig ist, so stehen die allgemeinbildenden Fächer an der Spitze des Unterrichtsausfalls. Zu diesen allgemeinbildenden Fächern gehört neben Gemeinschaftskunde (Sozialkunde), Religion, Sport, Fremdsprachen, Wirtschaftskunde auch **Deutsch** und/oder Schriftverkehr.

„Weil der Berufsschulunterricht zu kurz kommt und in der Regel auf einen Tag in der Woche zusammengedrängt wird, steht für die Lehrlinge zwangsläufig die *betriebliche* Ausbildung im Mittelpunkt ihres Interesses.

Die Berufsschule ist oft nur ‚Anhängsel'. Im Vergleich zur betrieblichen Ausbildung betrachten daher viele Lehrlinge den Berufsschultag als ‚Erholungstag'."[19] Das Desinteresse ist dann besonders groß, wenn der schulische Unterricht aufgrund fehlender oder unzureichender Kooperationsbereitschaft und anderer Ursachen in keinem ersichtlichen Zusammenhang mit der betrieblichen Ausbildung steht. In einigen Bundesländern fehlen noch immer überarbeitete Rahmenpläne für die Berufsschulen, die die Berufsausbildung auch an den gegenwärtig geltenden und zukünftig zu erwartenden Berufsanforderungen orientieren.

Die von den Kultusministern der Länder herausgegebenen Rahmenlehrpläne für das Fach Deutsch an Berufsschulen zeigen trotz ‚modernisierter', lernzielorientierter Lehrplanform oft keine grundsätzlich angemessenere – der Realität entsprechende – Verbindung zwischen Beruf und Praxis. Oft fehlt eine ausreichende sprachliche Reflexion der Arbeits-Umwelt als wesentlicher Erfahrungshintergrund der Berufsschüler. Berufsbezogenheit reduziert sich immer noch auf gelegentliche Hinweise, Erfahrungen aus der Arbeitswelt als Aufhänger zu benutzen oder beschränkt sich auf eine einseitige Anpassungsleistung des Schülers an die gegenwärtig bestehenden Anforderungen der Berufspraxis. Dem ‚Curricularen Lehrplan für Deutsch an Berufsschulen' des Bayerischen Staatsministers für Unterricht und Kultus liegt z.B. das Leitziel zugrunde, „die Schüler zu befähigen, sprachlichen Anforderungen des Berufs- und Alltagslebens bestmöglich zu g e n ü g e n (Hervorhebung der Verf.)"[20]!

Andererseits ist – jedenfalls in den Rahmenlehrplänen der meisten Kultusministerien – die bisher beklagte absolute Verkürzung und Verfälschung des Deutschunterrichtes auf Schriftverkehr und die Einübung schriftsprachlicher Normen weitgehend überwunden. Zwar wird den sogenannten Kulturtechniken wie Rechtschreibung, Satzlehre, Zeichensetzung, Wortarten, Umgang mit Nachschlagewerken ein vergleichsweise breiter Raum gewährt, aber thematisiert werden inzwischen auch Inhalte wie „sprachliche Interaktionsformen, die Ausdruck demokratischen Verhaltens sind".

---

19 Lehrlingshandbuch, S. 96.

20 Curricularer Lehrplan für Deutsch an Berufsschulen. In: Amtsblatt des Bayerischen Staatsministeriums für Unterricht und Kultus. Sondernummer 20 vom 31.05.1977.

Die überproportionale Betonung der Erziehung zu formaler Sprachrichtigkeit hat viele Ursachen und kann anscheinend nur schwer überwunden werden, zumal Leistungen des Deutschunterrichts auf diesem Gebiet am leichtesten sichtbar und überprüfbar in die Abschlußprüfungen bei den Industrie- und Handels-/Handwerkskammern eingehen. Wenn also inzwischen auch die (Rahmen-)Lehrpläne für den Unterricht in den Berufsschulen im Fach Deutsch weitgehend überarbeitet wurden und den Ergebnissen der kritischen Auseinandersetzung mit dem Fach teilweise Rechnung tragen, so wirken die Erwartungen der Ausbildungsbetriebe über das Instrument ihrer alleinigen Prüfungskompetenz und ungleichgewichtigen Ausbildungsbedeutung nach wie vor unterrichtsstrukturierend im Sinne einer starken Betonung formaler Sprachrichtigkeit. Da auch die tägliche berufliche Praxis von den meisten Berufsschülern gute Beherrschung der Rechtschreibung, Zeichensetzung und Satzlehre verlangt – so gehört z.B. bei Bürogehilfinnen, Bürokaufleuten, Arzthelferinnen und ähnlich strukturierten Berufen die sichere Anwendung formaler Sprachnormen zum täglichen Arbeitsinhalt – ist eine entsprechende Reaktivierung, Sicherung oder Ergänzung der Kenntnisse unvermeidbar und sinnvoll. Eine Überbetonung der *formalen* Sprachrichtigkeit ist jedoch auch im Deutschunterricht an der Berufsschule nicht angemessen. Deutschunterricht, der auch den Interessen der Auszubildenden entgegenkommt, muß der Tatsache Rechnung tragen, daß durch fortschreitende Spezialisierung und Arbeitsteilung die Notwendigkeit des verbalen Informationsaustausches wächst. Die Teilnahme am beruflichen, gesellschaftlichen, politischen, kulturellen (literarischen) Leben sowie seine aktive Mitgestaltung fordert die Fähigkeit zu sprachlich wirksamer Artikulation eigener und sprachlich sensibler Wahrnehmung fremder Interessen. Sie verlangt die Schulung der mündlichen **und** schriftlichen Ausdrucksfähigkeit ebenso wie sprachanalytische und sprachkritische Auseinandersetzung. Bei der Reflexion und Bewältigung alltäglicher Berufs- und Lebenserfahrungen kann mit lebens- und alltagsgeschichtlicher Literatur gezeigt werden, „wie Lebensgeschichte und Gesellschaftsgeschichte, individuelle und geschichtliche Existenz ineinandergreifen“[21]. (Z.B. kann aus literarischen Texten wie Georg Weerths Erzählung „Humoristische Skizzen aus dem Handelsleben“ und Gustav Freytags Roman „Soll und Haben“ die Berufs- und Ausbildungssituation in Deutschland um die Jahrhundertwende im Sinne einer individuellen und doch gesellschaftlich geprägten Lebensgeschichte erarbeitet und der heutigen Situation (Berufsausbildungsvertrag, Berufsbildungsgesetz, Industriereportagen) gegenübergestellt werden, um Unterschiede erfahrbar und nachvollziehbar zu machen [die Berufssituation des Kaufmanns soll dazu anregen, historisches Bewußtsein zu entwickeln].)

Zur Schreibsituation rät Neß mit Recht, „Schreibanlässe“ heranzuziehen, in denen Betroffenheit vorhanden ist; dafür unterbreitet er ein paar konkrete Vorschläge: „ein Gedicht oder Artikel für die Schülerzeitung, Aufruf zur Jugendvertreter-Versammlung, Leserbrief . . .“[22]. Auf diese Weise kann konkret überprüft werden, ob der Schüler adressatengerecht vorgegangen ist und ob das subjektiv gewünschte Ziel auch erreicht wurde. „Die Schriftsprache des Auszubildenden

21 Henning Rischbieter, Literatur und Geschichte. In: Praxis Deutsch (1980), Heft 39, S. 13.

22 Harry Neß, Bedingungen einer der Teilzeitberufsschule angemessenen Stillehre. In: Diskussion Deutsch (1980), Heft 55, S. 558.

stellt sich der Öffentlichkeit, Schreiben bekommt für verschiedene Anlässe einen Gebrauchswert und der Schüler hat damit Mut gefunden, sich nicht mehr offener oder versteckter Sprachnorm zu unterwerfen, sondern ihr angemessen zu antworten . . ."[23]

2.4 Deutschunterricht in der berufsbildenden Schule – Teilbereich II – (BFS, BAS, HH)

In den nicht unmittelbar ausbildungsbezogenen Vollzeitformen des berufsbildenden Schulwesens sehen die Rahmenbedingungen des Deutschunterrichts grundsätzlich anders und günstiger aus als die des vorher dargestellten Bereichs. Das ist im wesentlichen aus den geringeren unmittelbaren Einflußinteressen und -faktoren beteiligter Gruppen zu erklären. Hinzu kommt, daß der Charakter einer berufsbegleitenden bzw. unmittelbar berufsfeldbezogenen Berufsausbildung grundsätzlich verschieden ist von einer weiterbildenden, nicht unmittelbar berufsspezifischen Form beruflicher Bildung, da es hier nicht um die Vermittlung unmittelbarer Qualifikationen für Arbeits- und Berufshandeln geht.

2.4.1 Rahmenbedingungen des Deutschunterrichts in der Berufsfachschule (BFS)

Unter dem Namen **Berufsfachschule** verbergen sich unterschiedliche Schularten mit verschiedenen Eingangsvoraussetzungen und Abschlüssen. Es lassen sich zwei Typen der BFS unterscheiden:

1. Schulen, die Berufsausbildung außerhalb des dualen Systems betreiben und zu einem Abschluß in einem anerkannten Ausbildungsberuf führen (BFS mit vollzeitschulischer Berufsausbildung),
2. Schulen, deren Besuch auf die Ausbildungszeit in einem anerkannten Ausbildungsberuf desselben Berufsfeldes angerechnet wird.

Da die BFS, die eine volle Berufsausbildung ermöglichen, kaum verbreitet sind, soll hier nur auf die zweijährige BFS für Hauptschulabsolventen eingegangen werden. Diese vermittelt neben der Förderung der Allgemeinbildung eine berufliche Grundbildung (anrechenbar auf eine nachfolgende berufliche Fachbildung) und verleiht bei erfolgreichem Abschluß den Sekundarabschluß I oder – bei entsprechender Notenkonstellation – den erweiterten Sekundarabschluß I. Die zweijährigen Berufsfachschulen sind für verschiedene Fachrichtungen (Berufsfelder) eingerichtet; z.B.:

- Wirtschaft und Verwaltung (früher zweijährige Handelsschule),
- Technik,
- Hauswirtschaft,
- Landwirtschaft,
- Sozialpädagogik.

---

23 Harry Neß, Bedingungen . . ., S. 558.

Die Richtlinien und Lehrpläne für das Fach Deutsch sind im allgemeinen einheitlich für alle Fachrichtungen der zweijährigen BFS. Sie knüpfen an die Lernziele und -inhalte der Klasse 9 der Hauptschule an und bauen mit dem Ziel darauf auf, Schüler für weiterführende Bildungsgänge zu qualifizieren (FOS, Fachgymnasium) bzw. sie auf die Ausbildung in der Fachstufe eines Ausbildungsberufes vorzubereiten.

Für den Deutschunterricht in der Unterstufe der zweijährigen BFS stehen 3 Wochenstunden zur Verfügung. Die Lehrpläne für die Unterstufe stimmen in allen Bundesländern weitgehend mit den Lehrplänen im Fach Deutsch für das BGJ überein, um fließende Übergänge zu ermöglichen.

Die Unterrichtsgegenstände des ersten und zweiten Jahres sind zum Teil identisch. „Damit ist beabsichtigt, Grundlagen aus dem ersten Jahr mit Hilfe schwieriger Texte und verfeinerter Techniken im zweiten Jahr zu festigen und auf ihnen aufzubauen."[24] Als Tendenz zeichnet sich ab – wie auch bereits für das BGJ festgestellt wurde – „dem Themenkreis ‚Förderung der Kommunikationsfähigkeit' die größte Bedeutung zuzugestehen; mündliche und schriftliche Kommunikationsformen stehen dabei gleichrangig nebeneinander. Die durch die Lernziele beschriebenen Qualifikationen beziehen sich nicht mehr nur auf die Beherrschung sprachlicher Normen, sondern berücksichtigen und thematisieren die Multifunktionalität und Situationsabhängigkeit sprachlicher Äußerungen. [. . .] Weitgehend durchgesetzt hat sich das Verständnis von Literatur als einer besonderen Textform im sozialen Kommunikationsvollzug; die sozialen und ökonomischen Einflußgrößen auf die Textproduktion werden jedoch durch Lehrplanaussagen unzureichend problematisiert"[25]. Die Zahl der Schüler, die die BFS besuchen wollen, hat sich in den letzten Jahren stark erhöht. Dieser Tatbestand ist durch das knappe Angebot an Ausbildungsplätzen für Hauptschüler bzw. durch das Problem drohender Arbeitslosigkeit für einen großen Kreis von Jugendlichen mit niedrigen Bildungsabschlüssen bedingt. Wer die Berufsfachschule besucht, verspricht sich heute eher eine bessere Chance für den Abschluß eines Ausbildungsvertrages als eine gute Startposition für weiterführende Bildungsabschlüsse. (Schüler, die während des Besuchs einer BFS einen Ausbildungsplatz erhalten, melden sich – auch bei zufriedenstellenden Leistungen – wieder ab, um ihren Arbeitsplatz sofort einzunehmen.) Unter dem Zeichen von Arbeitslosigkeit hat eine Umorientierung stattgefunden, so daß festgestellt werden kann, daß in der Wertschätzung der Schüler ein Ausbildungsplatz höher steht als ein weiterführender Schulabschluß. Dementsprechend entschließen sich gegenwärtig Schüler zum Besuch einer BFS, weil sie keinen Ausbildungsplatz gefunden haben und weniger, weil sie weiterbildungsmotiviert sind. „Es ist auch festzustellen, daß keine konkrete Berufswahlentscheidung vorliegt, sie soll durch den Besuch der Schule um zwei Jahre hinausgeschoben werden, jedoch tendieren die meisten zu einem Beruf, der der Berufsfachschule des Berufsfeldes entspricht."[26]

24 Berufsfachschule – Richtlinien Deutsch, Nordrhein-Westfalen, S. 7.

25 Martin Brechtel, Deutschunterricht im beruflichen Schulwesen. In: Diskussion Deutsch (1977), Heft 34, S. 125.

26 Alternativen zur betrieblichen Berufsausbildung. In: Im Brennpunkt, Juli 1979, S. 19.

2.4.2 *Rahmenbedingungen des Deutschunterrichts in der Berufsaufbauschule (BAS)*

Die Berufsaufbauschulen gehören zu der Gruppe beruflicher Vollzeitschulen, deren wesentliche Aufgabe es ist, Schülern auf dem sogenannten zweiten Bildungsweg weiterführende Abschlüsse zu vermitteln. Für Hauptschulabsolventen, die eine Berufsausbildung abgeschlossen haben (einjährige BAS) oder sich gerade in einer Berufsausbildung befinden (dreijährige BAS – begleitend), bietet die BAS die Möglichkeit, die Fachschulreife (Sekundarabschluß I) zu erwerben.

Sie ist als Vollzeitschule (1 Jahr) und in Teilzeitform (3 Jahre) hauptsächlich für die Bereiche Technik/Wirtschaft/Landwirtschaft eingerichtet. Weil die Zweijährigen Berufsfachschulen die Möglichkeit bieten, *vor* Beginn einer Berufsausbildung den Sekundarabschluß I zu erwerben **und** gleichzeitig als erstes Jahr einer Berufsausbildung im gleichen Berufsfeld angerechnet werden, hat die BAS im System der beruflichen Schulen an Bedeutung verloren; die Schülerzahl ist rückläufig.

Die Stundentafel sieht für den Unterricht im Fach Deutsch 4–5 Wochenstunden vor. Die zu vermittelnden Unterrichtsinhalte sind – ähnlich wie im BGJ und in der Unterstufe der zweijährigen Berufsfachschule – zu Themenkreisen zusammengefaßt. Diese können in Kursform, evtl. auch fächerübergreifend, behandelt werden.

Die Betrachtung der Sprache als Kommunikationsmittel steht im Vordergrund. Neben der Kompensation von Unsicherheiten in der Rechtschreibung und Zeichensetzung mit dem Ziel, ein Stück Sprachbarriere zu überwinden[27], wird der Vermittlung von Techniken des Schreibens große Bedeutung zugemessen. Die Empfehlungen des Niedersächsischen Kultusministers für den Unterricht im Fach Deutsch in den Fachbereichen Wirtschaft und Technik sehen z.B. 72 Stunden für „die Einführung in die Technik des Schreibens durch Einüben schriftlicher Darstellungsformen“[28] vor. Neben der Befähigung zur Gestaltung von Gebrauchstexten soll aber auch die Auseinandersetzung mit Dichtung angeregt werden.

Nicht ausreichend aufgearbeitet wird in den Richtlinien und Rahmenlehrplänen die besondere Situation, in der sich Schüler der BAS befinden. Sie haben – ähnlich wie die Schüler der Fachoberschule und im Gegensatz zu den meisten anderen vollzeitschulischen Formen beruflicher Bildung – eigene Berufserfahrungen gesammelt. Diese Berufserfahrungen motivieren die Schüler im allgemeinen dazu, Weiterbildung anzustreben.

Die Erwartungen, die BAS-Schüler an das Fach Deutsch haben, sind oft auf die Erweiterung ihrer Sprachkompetenz gerichtet, da sie diese in der Berufssituation als nicht ausreichend erlebten. Mit dem Fach Deutsch wird also auch leicht das Mißerfolgserlebnis unzureichender Kenntnisse formaler Sprachregeln verbunden. Dem muß der Deutschlehrer dadurch entgegenzuwirken versuchen, daß er die *vorhandene* Sprachbeherrschung und Artikulationsfähigkeit der Schüler akzeptiert und vor diesem Hintergrund Hilfen zur Erweiterung von Sprachkompetenz anbietet. Gegenstände und Vermittlungsmethoden des Deutschunterrichts müssen möglichst nah an die durch die realen Lebens- und Arbeitssituationen der Schüler geprägten Interessen herankommen.

---

27 Vgl. die Rahmenordnung der KMK über die Berufsfachschulen vom 01.11.1971.

28 Empfehlungen des Nieders. KM für den Unterricht, Berufsaufbauschule, Juli 1973.

Das kann z.B. bedeuten, daß Texte ausgewählt werden, über deren Vermittlung Schüler zur Reflexion und vielleicht rückwirkenden Verarbeitung ihrer eigenen Arbeitssituation angeregt werden, weil sie ähnliche Probleme, wie die im Text thematisierten, erlebt haben.

Auch im Bereich der Textgestaltung sollte weitgehend darauf verzichtet werden, nach dem bewährt erscheinenden Muster:

1. Grundsätze/Regeln aufstellen,
2. übende Anwendung durch die Schüler

vorzugehen. Die Schüler können vielleicht eher zu inhaltlich guten Leistungen angeregt werden, wenn ihre eigenen Arbeits-, Lebens- und Freizeiterfahrungen zum Anlaß und Gegenstand der Textproduktion genommen werden: z.B. Beschreibung der an unterschiedlichen Arbeitsplätzen herrschenden Kommunikationssituation (Büroarbeit, Fließbandarbeit, Pflegearbeit in einem Krankenhaus) oder Erfassung und Darstellung unterschiedlicher Arbeitssituationen (Arbeitsmaterial Foto) in Gruppenarbeit.

Die Erweiterung und Sicherung von Rechtschreib- und Zeichensetzungskenntnissen könnten sinnvoll in den inhaltlichen Zusammenhang der Textanalyse bzw. Textproduktion integriert werden.

2.4.3 Rahmenbedingungen des Deutschunterrichts in der Höheren Handelsschule (HH)

Die Höheren Handelsschulen existieren im Bundesgebiet in ein-, zwei- und dreijähriger Form und verbergen damit unter *einem* Namen drei verschiedene Schularten, an denen auch unterschiedliche Schulabschlüsse erworben werden können.

Auf die Form der einjährigen Höheren Handelsschule, die auf dem Sek.-I-Abschluß aufbaut, soll zunächst Bezug genommen werden: Sie vermittelt in einem Jahr eine berufliche Grundqualifikation für kaufmännisch-verwaltende Berufe. Mit dem erfolgreichen Besuch dieser einjährigen HH – welcher bisher in einer Abschlußprüfung nachzuweisen ist (ab 1982 entfällt sie in einigen Bundesländern) – kann der erweiterte Sek.-I-Abschluß erworben werden. Außerdem ist ihr erfolgreicher Besuch auf eine kaufmännisch-verwaltende Berufsausbildung als erstes Ausbildungsjahr anrechenbar. Die wachsenden Schülerzahlen im Bereich der Höheren Handelsschule zeigen die steigende Beliebtheit dieser Schulart (vor allem für Absolventen der Realschule), obwohl ihr Abschluß keine *besonderen* weiterführenden Chancen eröffnet[29].

Diese Beliebtheit ist wahrscheinlich daraus zu erklären, daß die HH gegenwärtig für Schüler recht unterschiedliche Erwartungen und Funktionen erfüllen kann:

– Sie ist einerseits ‚Auffangbecken' für solche Jugendliche, die den Sek.-I-Abschluß erworben haben, aber keinen Ausbildungsplatz fanden oder noch keine Entscheidung über ihre weitere Ausbildung treffen konnten;

---

29 Vgl. Statistisches Bundesamt Wiesbaden (Hrsg.), Bildung im Zahlenspiegel 1980. Stuttgart: Kohlhammer 1980, S. 49ff.

Vgl. auch Schulverwaltungsblatt. Wenn das BGJ in einem Bundesland eingeführt ist, wird die HH dem BGJ zugeordnet. Es ist dann eine Art „Binnendifferenzierung" der Inhalte und Ziele (für Realschulabgänger) vorgesehen.

- andererseits bietet sie für Schüler aus dem ‚allgemeinbildenden Bereich', die den Sek.-I-Abschluß oder auch – seltener – den Sek.-II-Abschluß erworben haben, eine komprimierte Berufsvorbereitung auf eine Fachstufenausbildung im Berufsfeld ‚Wirtschaft und Verwaltung' innerhalb kurzer Zeit. Die Schüler dieser Gruppe sind häufig stark an den sogenannten technischen Fächern wie Maschinenschreiben, Stenographie, aber auch an Buchführung und Wirtschaftsrechnen interessiert;
- weil der qualifizierte Sek.-I-Abschluß erworben werden kann.

Daneben erleichtert sie Schülern, die über den sogenannten zweiten Bildungsweg das Abitur erwerben wollen, den Zugang zur gymnasialen Oberstufe, da in der HH die Möglichkeit besteht, sich in die dort vorausgesetzte zweite Fremdsprache einzuarbeiten.

Aus dieser Zusammenschau von Gründen, die Schüler zum Besuch der HH motivieren, wird bereits deutlich, wie heterogen die HH-Klassen hinsichtlich der vorhandenen Lernmotivation, des Alters und der schulischen Vorbildung zusammengesetzt sein können. Diese Heterogenität wird zukünftig noch dadurch erhöht, daß auch solche Schüler in die HH eingeschult werden sollen, die sich nicht selbst zum Besuch der HH entschlossen haben, aber den Sek.-I-Abschluß erworben haben, ohne Ausbildungsverhältnis sind und noch der Schulpflicht unterliegen.

Für die HH gibt es nicht in allen Bundesländern verbindliche Rahmenlehrpläne. Vorläufige Richtlinien für den Deutschunterricht an den HH-Klassen im Lande Niedersachsen sprechen dem Lehrer die allgemeine Aufgabe zu, den Schüler zu größerer Sicherheit im Umgang mit der deutschen Sprache zu führen und das Verständnis für literarische Werke zu vertiefen. Dadurch soll er befähigt werden, den Anforderungen seines persönlichen Lebens und seines zukünftigen Berufes gewachsen zu sein.

Zu der Verwirklichung dieser allgemeinen Zielvorstellung wird in den Richtlinien eine Schwerpunktbildung des Unterrichts auf die Gebiete:

- Rechtschreibung, Zeichensetzung, Grammatik,
- Sprecherziehung,
- Aufsatzlehre,
- Literatur

vorgeschlagen.

Die Zeit, die zur Bewältigung dieser Unterrichtsgebiete zur Verfügung steht, ist mit 3 Wochenstunden eng bemessen, weil innerhalb der einjährigen Schulzeit die schriftliche und mündliche Abschlußprüfung stattfindet, und damit die Unterrichtszeit auf 8 bis 9 Monate verkürzt wird. Daraus ergibt sich, daß die Versuche einer intensiveren Behandlung ausgewählter Themenbereiche aus Zeitmangel nicht geleistet werden können. Die HH zeigt in besonders deutlicher Weise die Bedingungsfaktoren des Deutschunterrichts im beruflichen Schulwesen auf, die die unterrichtliche Arbeit begrenzen und stark erschweren: Heterogenität der Schüler (in bezug auf alle nur denkbaren Faktoren) und Zeitmangel in Verbindung mit Stoffülle.

Die mehrjährige Form der HH (zweijährig in Nordrhein-Westfalen; dreijährig in Bayern) ermöglicht nach bestandener Abschlußprüfung die fachgebundene Hochschulreife und befreit vom Besuch der Berufsschule.

2.5 Deutschunterricht in der berufsbildenden Schule – Teilbereich III – (FOS, Gym)

2.5.1 Rahmenbedingungen des Deutschunterrichts in der Fachoberschule (FOS)

Die wichtigste *berufliche* Vollzeitschule im Bereich der Sekundarstufe II, die FOS, wurde erst 1968/69 auf der Grundlage eines gemeinsamen Beschlusses der Ministerpräsidenten der Länder und einer Rahmenvereinbarung der KMK errichtet, um EG-einheitlichen Regelungen der Zugangsberechtigungen zu den Fachhochschulen zu genügen.

Auf dem Abschluß der Sekundarstufe I aufbauend, vermittelt sie in einjähriger Ausbildungszeit (Klasse 12) oder zweijähriger Ausbildungszeit (Klasse 11 und 12) allgemeine, fachtheoretische und fachpraktische Kenntnisse mit dem Abschluß der Fachhochschulreife. Die Klasse 11, in der eine überwiegend fachpraktische Ausbildung stattfindet, kann durch eine abgeschlossene berufliche Erstausbildung ersetzt werden.

In den meisten Bundesländern bestehen Fachoberschulen der folgenden Fachrichtungen:

- Wirtschaft,
- Verwaltung und Rechtspflege,
- Ingenieurwesen/Technik,
- Ingenieurwesen/Landbau (Gartenbau oder Forstwirtschaft),
- Sozialarbeit/Sozialpädagogik,
- Seefahrt,
- Gestaltung.

Die Zahl der Schüler, die eine FOS besuchen wollen, steigt seit Jahren an, denn für Haupt- und Realschüler mit Berufsausbildung bietet sie die zeitsparendste und wichtigste Möglichkeit, nachträglich die Voraussetzungen für den Hochschulzugang zu erwerben.

„Während bei den Schülern der gymnasialen Oberstufe (11.–13. Klasse) die unterschiedlichen Lernvoraussetzungen durch die lange gemeinsame Schulzeit ausgeglichen sind, sind die Schüler weiterführender beruflicher Schulen schulisch und beruflich sehr unterschiedlich vorgebildet."[30]

Im Vergleich zu der vorgezeichneten Selbstverständlichkeit, mit der Schüler an allgemeinbildenden Gymnasien eine lange und umfassende Ausbildung absolvieren, „ist der FOS-Besuch als Rückkehr in die Schule Ergebnis einer bewußt getroffenen Entscheidung. Er bedeutet für die meisten Schüler die zunehmend mit mehr Risiko verbundene Aufgabe einer bereits erworbenen beruflichen und sozialen Stellung, die einerseits die Befreiung von den Anforderungen des Arbeitsprozesses zur Folge hat, andererseits zumindestens materiell zunächst einen Rückschritt und erneute Abhängigkeit darstellt. [. . .] Für die meisten Schüler steht der Wiedereintritt in den Ausbildungsprozeß im unmittelbaren Zusammenhang mit ihren bisherigen beruflichen Erfahrungen. Unzufriedenheit mit der erlebten beruflichen Praxis dominiert als Hauptmotiv."[31]

---

30 Lehrlingshandbuch, S. 104.

31 Erika Bosecker/Barbara Kunz-Bürgel/Rudolf Wenzel, Deutschunterricht an der Fachoberschule. In: Diskussion Deutsch (1977), Heft 34, S. 159.

Nach mehrjähriger Unterbrechung eines organisierten und vorwiegend theoretischen Lernprozesses durch Berufsausbildung und -tätigkeit haben die Schüler, die in die 12. Klasse der FOS eintreten, häufig zunächst große Schwierigkeiten, sich wieder an die Bedingungen schulischen Lernens zu gewöhnen.

Vergleichbar mit den Schülern der BAS haben oft auch Schüler der FOS in ihrer bisherigen Berufserfahrung erlebt, daß nicht nur berufspraktische Fähigkeiten, sondern auch berufsübergreifende Qualifikationen, vor allem Sprachkompetenz (sich richtig ausdrücken können) sozial honoriert werden. Mit gewissen Unterschieden für die verschiedenen Bereiche der FOS erwarten die Schüler vom Deutschunterricht eine Verbesserung ihrer formalen Sprachkompetenz – besonders auf dem Gebiet der schriftlichen Sprachgestaltung – und eine Erweiterung ihrer Allgemeinbildung. Im Hinblick auf ein späteres Studium an einer Hochschule erwarten die Schüler auch eine Erweiterung ihrer rhetorischen Fähigkeiten (Vorträge, Referate). „Diese Forderung hängt unmittelbar mit ihrer Hoffnung auf sozialen Aufstieg zusammen: die Schüler nehmen an, daß sich die soziale Schicht, die sie erreichen wollen, auch durch – literarische – Bildung auszeichnet, und wollen sich auch über ihre Teilhabe an dieser Bildung den Zugang zu dieser Schicht sichern."[32]

In den Rahmenrichtlinien für das Fach Deutsch in der FOS, Beschluß der KMK vom 20.11.1975, wird versucht, der besonderen Situation der FOS-Schüler weitgehend Rechnung zu tragen. Es wird der Anspruch formuliert, daß „der Deutschunterricht an der Fachoberschule [...] der unterschiedlichen sprachlichen Vorbildung der Schüler sowie ihrer beruflichen Erfahrung Rechnung tragen (soll)"[33]. Damit ist der Deutschlehrer aufgerufen, die vorhandene Sprachkompetenz der Schüler, die ja bereits Erwachsene sind, zu akzeptieren und differenziert auf sie einzugehen sowie die bisherigen sozialen Erfahrungen der Schüler ernst zu nehmen, im Unterricht zu thematisieren und zu reflektieren.

Der Katalog allgemeiner Lernziele versucht, diesen grundsätzlichen Anspruch zu differenzieren:

„Die Schüler der Fachoberschule sollen lernen:
- Sachzusammenhänge und Probleme zu erkennen, zu erörtern und darzustellen,
- Informationen und Meinungen aus gesprochenen und geschriebenen Texten zu entnehmen,
- die Objektivität des Gehörten oder Gelesenen zu prüfen,
- Informationen weiterzugeben und kritisch zu vergleichen,
- fremde Meinungen und Argumente zu verstehen, wiederzugeben, zu erörtern und zu beurteilen,
- sich eine eigene Meinung zu bilden und zu vertreten wie auch deren Voraussetzungen und Folgen kritisch zu überdenken.

Sie sollen durch Einsicht in sprachliche Strukturen und deren Funktionen befähigt werden:

---

32 Erika Bosecker u.a., DU an der Fachoberschule, S. 160.

33 Rahmenrichtlinien für das Fach Deutsch in der FOS, Beschluß der KMK vom 20.11.1975.

– zu differenzierter Darstellung von Sachverhalten, Empfindungen, Erfahrungen und Überlegungen,
– zu argumentierendem Vertreten von Interessen,
– zu situationsgemäßer, kritischer und partnerbezogener Kommunikation.

Ihr Interesse an literarischen Texten soll geweckt und verständig entwickelt werden.

Sie sollen dabei neben der sozialen Funktion der Literatur auch ihre Bedeutung für die Eigenfindung und Humanisierung des Menschen erkennen."[34]

Nur unter besonders günstigen Umständen wird die Zeit, die für den Deutschunterricht zur Verfügung steht (i.d.R. 4 Wochenstunden) ausreichen, um das je unterschiedlich begründete Interesse am Deutschunterricht, die Alters-, Erfahrungs- und Kenntnisunterschiede der oft sehr heterogen zusammengesetzten Klassen aufgreifen zu können. Deshalb erscheint es hier besonders wichtig und sinnvoll, den Deutschunterricht so aufzubauen, daß mit besonderem Nachdruck das ‚Lernen des Lernens' gefördert wird. Die dadurch unterstützte Selbständigkeit der Arbeit ist die Voraussetzung für eine spätere Arbeit in Gruppen mit vergleichbaren Voraussetzungen.

Da dem Lehrer durch die Rahmenrichtlinien außer der Darstellung und Gewichtung der vorgesehenen Lernbereiche (Vermittlung und Vervollkommnung elementarer Techniken, Sprachbetrachtung, Verstehen von Texten und Gesprächsformen, Herstellen von Texten) keine inhaltlichen Vorgaben gemacht werden, kann (und sollte) er diesen Freiraum nutzen, um eine Stoffauswahl zu treffen, die den Erfahrungshintergrund der Klasse berücksichtigt.

2.5.2 *Rahmenbedingungen des Deutschunterrichts in der gymnasialen Oberstufe (Gym)*

Mit der Verabschiedung der KMK-Vereinbarungen vom 07.07.1972 zur Neugestaltung der gymnasialen Oberstufe wurde der Rahmen für eine inhaltliche und organisierte Reform der Oberstufe des traditionellen Gymnasiums – also der Klassen 11 bis 13 – geschaffen. Die Oberstufe des Gymnasiums wurde damit aus der nach außen abgeschirmten Abgeschlossenheit und Kontinuität gymnasialer Bildung herausgelöst und stärker für Schüler anderer Schularten geöffnet (z.B. für Realschüler, Absolventen der BAS, BFS und HH). Das Reformziel, möglichst weitgehend die Trennung von Berufs- und Allgemeinbildung zu überwinden, hat sich allerdings nicht durchsetzen und verwirklichen lassen.

Wesentlichste organisatorische Neuerung der gymnasialen Oberstufe durch die erwähnten KMK-Rahmenvereinbarungen vom 07.07.1972 war die Umstellung des traditionellen Fächerunterrichts im Klassenverband auf das Kurssystem. Nach Abschluß der 10. Klasse lösten sich dementsprechend alle Klassenverbände auf, und die Schüler konnten – durch das sogenannte Vorsemester (1. Halbjahr) vorbereitet – aus dem vorhandenen Kursangebot Kurse ihrer Neigungen (unter Einhaltung bestimmter Auflagen) wählen und eine interessenbezogene Fächerschwerpunktbildung im Pflicht-, Wahlpflicht-, Profil- und Wahlbereich vornehmen.

---

34 Rahmenrichtlinien für das Fach Deutsch in der FOS, S. 3. Vgl. auch: Rahmenlehrpläne für die beruflichen Schulen des Landes Hessen. Fachoberschule Deutsch. Hrsg. Der Hessische Kultusminister. Wiesbaden 1979.

Eine erneute Umgestaltung der gymnasialen Oberstufe in einigen Bundesländern (Gültigkeit ab 01.08.1981) gliedert das System der reformierten gymnasialen Oberstufe der Sek. II neu in eine

Vorstufe (11. Schuljahr erfolgt im Klassenverband);

Kursstufe (12. und 13. Schuljahr im Kurssystem [Halbjahreskurse]);

der Übergang von der Vorstufe in die Kursstufe erfolgt durch Versetzung.

Die Pflichtauflagen sollen dahingehend neu definiert werden, daß zwei Fremdsprachen und zwei naturwissenschaftliche Fächer als verbindlich im Fächerkanon vorgeschrieben werden.

Die wesentlichen Bedingungsfaktoren können der folgenden Tabelle entnommen werden (Stand: September 1980):

Übersichtstabelle über den Deutschunterricht an den Gymnasien in den Bundesländern

	Schj. 11 (4)	Schj. 12, Schj. 13 (5)	Pflichtfach? (6)	Abiturfach für alle? (7)	Deutsch im Abitur als 1. Fach möglich? (8)
Baden-Württemberg	Nicht in die Ref. Oberstufe einbezogen: 3 Std.	12: GK: 3 Std. LK: 5 Std. 13: GK: 3 Std. LK: 5 Std.	ja (12–13)	nein	nein
Bayern	Nicht in die Ref. Oberstufe einbezogen: 11,1 4 Std.	11,2 12: GK: 4 Std. LK: 6 Std. 13: GK: 4 Std. LK: 6 Std.	nein	nein	nein
Berlin	oblig. Fundamentalbereich: 3 Std. wählbarer Profilbereich: zusätzlich 3 Std., also 6 Std.	12: GK: 3 Std. LK: 6 Std. 13: GK: 3 Std. LK: 6 Std.	ja	nein	nein
Hessen	in Ref. Oberstufe einbezogen	12: GK: 3 (= 2 GK) LK: 5 Std. 13: GK: 3 Std. LK: 5 Std.	nein Mindestverpflichtung für Abitur: 2 GK (= 1 Schj.)	nein	nein
Nordrhein-Westfalen	in Ref. Oberstufe einbezogen 11,1: GK 3 Std. 11,2: GK 3 Std. LK: 6 + event. Angleichungskurse in 11.1 und 11.2	12: GK: 3 Std. LK: 6 Std. 13: GK: 3 Std. LK: 6 Std.	ja bis 12	nein	nein
Niedersachsen	Nicht in die Ref. Oberstufe einbezogen (Klassenverband): 3 Std.	12: GK: 3 Std. LK: 5 Std. 13: GK: 3 Std. LK: 5 Std.	ja bis 12	nein	nein
Rheinland-Pfalz (3 Leistungskurse!)	in Ref. Oberstufe einbezogen 11: GK: 3 Std. LK: 5 Std.	12: GK: 3 Std. LK: 5 Std. 13: GK: 3 Std. LK: 5 Std.	ja (11–13) für LK-Teilnehmer ja (11–13) für GK-Teilnehmer	nein	nein
Saarland	nicht in Ref. Oberstufe einbezogen 3 Std.	12: GK: 3 Std. LK: 5 Std. 13: GK: 3 Std. LK: 5 Std.	ja (12–13)	nein	ja
Schleswig-Holstein	in Ref. Oberstufe einbezogen: GK: 3 Std. LK: 4 Std.	12: GK: 3 Std. LK: 5 Std. 13: GK: 3 Std. LK: 5 Std.	ja (12–13)	nein	nein

(Aus: Mitteilungen des Deutschen Germanistenverbandes 28 [1981], Heft 2, S. 7.)

Die Fachgymnasien sind nach den Rahmenvereinbarungen der KMK in die neue Organisation des Unterrichts durch das Kurssystem einbezogen.

Das Fach Deutsch gehört zum sprachlich-literarisch-künstlerischen Aufgabenfeld A und ist in der Stundentafel der Vorstufe (Vorsemester) von Fachgymnasien und allgemeinbildenden Gymnasien mit drei Stunden verankert. Es ist Bestandteil des Pflichtbereichs und gehört auch in der Kursstufe zu den Belegungsverpflichtungen der Schüler.

Schüler, die das Fach Deutsch als Leistungsfach wählen, müssen in diesem Fach jeweils 5stündige Leistungskurse belegen, während Schüler, die Deutsch als Wahlfach haben, nur jeweils 3stündige Grundkurse belegen. In Grund- und Leistungskursen weichen die Leistungsanforderungen und -erwartungen voneinander ab.

In den Fachgymnasien gibt es unverständlicherweise **keine** Leistungskurse im Fach Deutsch, hier wäre eine Überprüfung des im Kern richtigen Reformansatzes dringend erforderlich.

Die angebotenen Kursthemen hängen von den Möglichkeiten der Schule, der für die gymnasiale Oberstufe zur Verfügung stehenden Lehrerstundenzahl, den inhaltlichen Interessen der Lehrer sowie den Wünschen und Interessen der Schüler ab[35]. Ein Anspruch auf das Angebot bestimmter Themen oder Themenschwerpunkte in der gymnasialen Oberstufe besteht nicht. „Grundsätzlich sind *alle* (Hervorhebung der Verf.) Themen des Deutschunterrichts als Grundkurs wie als Leistungskurs möglich. [. . .] Grundkurse dienen der Orientierung im Fach Deutsch. Sie sollen die Breite des Angebots verbinden mit vertiefter Einsicht in begrenzte, exemplarische Bereiche von Sprache und Literatur."[36]

Einen guten Überblick über das „Gefüge des Faches Deutsch im Kurssystem", in dem auch die Zusammenhänge zwischen Sprache und Literatur verdeutlicht werden (Trennung oder Integration von Sprach- und Literaturkursen), vermittelt Klute in einem Strukturdiagramm[37]:

35 Vgl. Der Niedersächsische Kultusminister, Handreichungen für Lernziele, Kurse und Projekte im Sekundarbereich II für das sprachlich-literarisch-künstlerische Aufgabenfeld A (4 Folgen). Hannover 1973 ff.

36 Der Niedersächsische Kultusminister, Handreichungen für Sek. II. Folge 4. Hannover 1977, S. 13.

37 Wilfried Klute, Sprache und Literatur. Zur Struktur des Faches Deutsch auf der neugestalteten gymnasialen Oberstufe. In: Diskussion Deutsch (1978), Heft 43, S. 482. Vgl. auch die Replik Thiels:

Hans Thiel, So klar ist die Sache noch nicht. In: Diskussion Deutsch (1979), Heft 48, S. 438–443, in der Thiel besonders die Fragwürdigkeit der Trennung des Umgangs mit pragmatischen Texten vom Umgang mit literarischen Texten hervorhebt, weil „es zwischen diesen beiden Textarten eine breite Übergangszone gibt" (S. 438 f.).

Strukturdiagramm Deutsch auf der gymnasialen Oberstufe

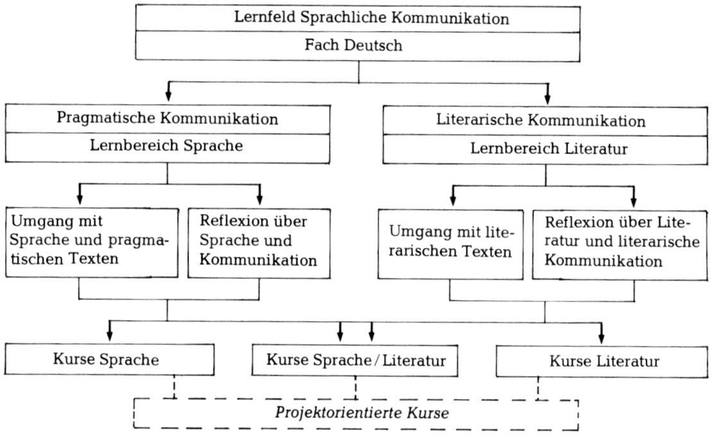

Auf das Problem des Zusammenhangs zwischen Sprache und Literatur weist Gidion ebenfalls hin, und er betont mit Recht, daß das Prinzip der thematischen Ordnung vorrangig ist; „allerdings müßte die Regel gelten, daß in jedem Kurs – welchem Thema er auch immer gewidmet sei – Sprache ausdrücklich mit zum Reflexionsgegenstand gemacht werden sollte“[38]. Ein Kurs sollte nie **nur** themabezogen zusammengestellt werden, sondern die „Vermittlung von Textkenntnis, historische Information, Gattungskenntnis, die Ausbildung von Fertigkeiten im ‚Verstehen'“[39] muß mit angestrebt werden.

Die Voraussetzungen für den Eintritt in die gymnasiale Oberstufe erfüllt ein Schüler dann, wenn er den qualifizierten Abschluß der Sekundarstufe I erworben hat. Es ist in den Schulgesetzen aller Bundesländer die freie Wahl der Schule durch den Schüler bzw. dessen Erziehungsberechtigten garantiert.

Nach 3 Jahren kann der Schüler das Abitur ablegen, das ihm ermöglicht, jedes Studium an einer Hochschule (Universität) aufzunehmen. Die Anforderungen, die an die Abiturienten gestellt werden, sind in ‚Einheitlichen Prüfungsanforderungen' (EPA), die auf Vereinbarungen und Beschlüssen der KMK (01.06.1979) basieren, festgehalten; ihre Bestimmungen werden nach den bisherigen Planungen ab 1982 verbindlich gelten[40].

(Elke Brunkenhövers)

---

38 Jürgen Gidion, Zur Situation des Deutschunterrichtes in der Sekundarstufe II. In: Erich Wolfrum (Hrsg.), Taschenbuch des Deutschunterrichts. 2. Band: Literaturdidaktik. Baltmannsweiler: Pädagogischer Verlag Burgbücherei Schneider [3]1980, S. 1003.

Zur Problematik der reformierten gymnasialen Oberstufe vgl. auch:

Leopold Glaser, Gute Absicht – pervertiert. Warum die Oberstufenreform scheitern mußte. In: Praxis Deutsch (Jan. 1977), Heft 21, S. 3;

Andreas Flitner, Bastelei ohne Konzept. Die zweite Reform der gymnasialen Oberstufe steht an, doch vernünftige Modelle für eine Verbesserung gibt es bisher nicht. In: Die Zeit, Nr. 21 vom 15.05.1981, S. 34/35.

39 Jürgen Gidion, Zur Situation des DU in der Sek. II, S. 1002.

40 Vgl. Einheitliche Prüfungsanforderungen in der Abiturprüfung. Deutsch. Beschluß vom 01.06.1979. Neuwied: Luchterhand 1979; diese Prüfungsanforderungen gelten in den einzelnen Bundesländern als Grundlage zur Modifizierung fachspezifischer Anforderungen und Gegebenheiten, die bis 1982 abgeschlossen sein soll.

3 DAS LEHRBUCH IM DEUTSCHUNTERRICHT IN DER BERUFSBILDENDEN SCHULE

„Am Anfang steht immer ein Traum – der Traum von jenem Unterricht, den man selber gern gehabt hätte, von der Schule, in die man selber gern gegangen wäre, von Menschen, mit denen man umgehen möchte, mit denen man reden kann, denen sich und andere anzuvertrauen leichtfällt."[1]

Müssen diese Vorstellungen Träume sein und bleiben? Lassen sie sich nicht bei der Konzeption eines Schulbuches verwirklichen, indem sie zum Thema gemacht werden? Wie entsteht ein Lehrbuch? Wer gestaltet es (mit)? Welchen Einflüssen unterliegt ein Schulbuchautor, welche Interessen müssen berücksichtigt werden? In diesem Zusammenhang sind sehr viele Faktoren aufzuzählen, die für die Gestaltung eines Lehrbuchs von Bedeutung sein können: Das Selbstverständnis der Gesellschaft (die öffentliche [politische] Diskussion [Meinung]), also der „Zeitgeist", die Wissenschaft (Fachdidaktik), gesetzliche Bestimmungen, Richtlinien und Lehrpläne, die Kulturhoheit der Länder, Genehmigungsverfahren durch die Kultusministerien, Einführungsverfahren nach der Genehmigung durch die einzelnen Schulen, Eltern, Schüler und Lehrer, die Verlagsredaktion ... „So viele Berichte / So viele Fragen" (Bertolt Brecht, Fragen eines lesenden Arbeiters).

Welche Schlußfolgerungen ergeben sich? Was ist zu tun? Resignation oder Mut zum Handeln? Im folgenden sollen einige Aspekte aufgezeigt werden, die wir bei der Konzeption eines Lehrbuchs für das Fach Deutsch in der berufsbildenden Schule für wichtig halten.

Sobald die Auswahl der Inhalte, die Zuordnung der Themen und die weiterführenden Materialien nicht mehr nur ästhetischen Normen und formalen Kriterien entsprechen, sondern eine Abstimmung mit den Bedürfnissen und Interessen **aller** Beteiligten erfolgt, wird die Konzeption von Lehrbüchern (Lesebüchern) auch gesellschaftspolitisch relevant bzw. treffender: brisant. Dann wird die Gestaltung von Lesebüchern „so kontrovers wie eben diese Lernziele in einer antagonistischen Klassengesellschaft"[2] sind, und das ‚moderne' Lesebuch wird noch lange zu „einer Art aporetischem Ärgernis des Deutschunterrichts"[3] herhalten müssen. Trotz aller berechtigten Kritik am Lesebuch bleibt aber die Tatsache bestehen, daß es im Unterricht immer wieder eingesetzt wird, weil es praktisch ist. Geiger und Vogt haben mit Recht darauf hingewiesen, daß es das Buch sei, das keiner über-

---

1 Gert Kleinschmidt, Dann mach mal einen Plan ... Vom schwierigen Geschäft des Schulbuchautors. In: Praxis Deutsch (Jan. 1981), Heft 45, S. 9.

2 Valentin Merkelbach, Lesebuch. In: Erika Dingeldey / Jochen Vogt (Hrsg.), Kritische Stichwörter zum Deutschunterricht. München: Fink 1974 = UTB 299, S. 208.

3 Dietrich Steinbach, Der literarische Wertbegriff und das Lesebuch. In: Hermann Helmers (Hrsg.), Die Diskussion um das deutsche Lesebuch. Darmstadt: Wissenschaftliche Buchgesellschaft 1969 = Wege der Forschung CCLI, S. 219.

wunden hat. Man kann Schiller überwinden, Nietzsche, sogar Karl May – das Lesebuch nicht[4]. Deshalb muß immer wieder versucht werden, das Lesebuch zu verbessern. Warum das so schwierig ist, soll an einigen Hauptpunkten der kontroversen Auseinandersetzung thesenartig verdeutlicht werden.

1. *Literaturbegriff*

Der Literaturbegriff ist häufig zu eng gefaßt; außerdem wird an einer vorgefaßten Meinung, was Literatur sei, festgehalten. So heißt es z.B.: „Ziel der literarischen Bildung ist das literarische Gebildetsein. [. . .] Literarisch gebildet ist derjenige, der den Bereich der Literatur in sein geistiges Zuhause hineingenommen hat."[5] Die Lesegewohnheiten und die Freizeitgestaltung der Mehrzahl der Menschen (Bildzeitung, Fernsehen, Radio, Illustrierte, Groschenromane, Schlager, Comics, Kriminalgeschichten, Jugend- und Modezeitschriften, Pornos, der Besuch von Diskotheken, Filmen . . .) werden in unangemessener Weise – oder gar nicht – berücksichtigt. Die herkömmliche Kategorie (Literatur = Dichtung) ist deshalb zu eng, weil von vornherein eine ganze Skala von Texten (Textarten) ausgeschlossen wird[6]. Die Entscheidung für die Aufnahme eines Textes sollte **auch** die allgemeine gesellschaftliche Situation und die konkrete Lage des einzelnen berücksichtigen, die aus der Analyse der Voraussetzungen und Bedingungen der Lesebuchadressaten zu ziehen sind. Es gilt auch einmal, die Schüler nach ihren Lesegewohnheiten zu befragen[7].

---

4 Vgl. Heinz Geiger/Jochen Vogt, Lesebuch für die Schülerschule. Vorläufige Beschreibung eines Modells für die Sekundarstufe. In: Heinz Geiger (Hrsg.), Lesebuchdiskussion 1970–1975. München: Fink 1977 = UTB 641, S. 111.

5 Hermann Helmers, Didaktik der deutschen Sprache. Stuttgart: Klett 1966, S. 256.

6 Vgl. Jochen Vogt, Wallraff war hier . . . und noch jemand. Eine Übung in Lesebuchkritik. In: Geiger, Lesebuchdiskussion 1970–1975, S. 291.

7 Vgl. Lehrlinge lesen „so nebenbei". Forscher fragten junge Leute nach Freizeitgewohnheiten. In: Hannoversche Allgemeine Zeitung, Nr. 32 vom 10.08.1979, S. 4. In diesem Artikel erschien der Hinweis, daß an der Universität Göttingen für Forschungen wissenschaftliches Material über die Lesegewohnheiten von Berufsschülern gesammelt worden ist, das zu einem späteren Zeitpunkt in Buchform veröffentlicht werden soll. Vgl. auch:

Helmut Fischer, Das außerschulische Leseverhalten von Hauptschülern. Materialien, Analysen, Konsequenzen. In: Jochen Vogt (Hrsg.), Literaturdidaktik. Aussichten und Aufgaben. Düsseldorf: Bertelsmann Universitätsverlag ^{2}1973 = Literatur in der Gesellschaft 10, S. 207–231.

Erich Weber, Die Bedeutung des Lesens für die Freizeit junger Menschen. In: Alfred Clemens Baumgärtner/Malte Dahrendorf (Hrsg.), Wozu Literatur in der Schule? Beiträge zum literarischen Unterricht. Braunschweig: Westermann 1970 = Westermann Taschenbuch 76, S. 120–151 und

Bernhard Meier, Das eigene Leseverhalten reflektieren. In: Praxis Deutsch (Mai 1980), Heft 41, S. 40–42 [mit einem erarbeiteten Klassenfragebogen zum Leseverhalten]:

Klassen-fragebogen zum leseverhalten

1. Welches sind deine liebsten freizeittätigkeiten?
Du kannst bis zu 5 steckenpferde nennen!
....
....
....
....
....

2. Wie ist das bei dir mit dem lesen? Liest du

	regelmäßig	öfter	manchmal	selten	nie
bücher					
comics					
romanhefte					
tageszeitung					
zeitschriften					

(In jeder der 5 zeilen bitte ein kreuz!)

3. Bestimmt hast du schon in comics geblättert oder gelesen. Welche hefte liest du?
....
....

4. Sicher hast du schon einige bücher (keine schulbücher!) in deiner freizeit gelesen. Welches buch (welche bücher) hat (haben) dich besonders beeindruckt? Warum?
....
....

5. Hast du einen lieblingsschriftsteller? Wenn ja, welchen?
....

6. Gib bitte jeder der folgenden buchgattungen eine nummer! Wenn dich z. b. sachbücher am meisten fesseln, erhalten sie die nr. 1. Wenn dich dichtung überhaupt nicht interessiert, gibst du in dieser rangskala platz 5 aus!
abenteuerbücher ( )
detektivgeschichten, krimis ( )
lustige, witzige erzählungen ( )
dichtung ( )
sach- und problembücher ( )

7. Unterstreiche bitte jetzt die gebiete von sachbüchern, die dir besonders gefallen!
technik – menschliche probleme – reisen und fremde länder – natur – tiere – geschichte – sport – musik – religion – hobbybücher – sonstiges

8. Welche tageszeitung liest du?
....

9. Welche themen darin interessieren dich besonders? Welche gar nicht? ....
....

10. Nenne bitte die zeitschriften, illustrierten und magazine, die du öfter liest!
....
....

11. Liest du z. zt. ein buch? Wenn ja, welches?
....

12. Wieviel bücher hast du ungefähr im letzten jahr gelesen?
....

13. Liest du romanhefte? Wenn ja, welche?
....

14. Woher beziehst du meist deinen lesestoff? Du kannst einmal oder öfter in jeder zeile unterstreichen!
bücher: kaufen - ausleihen - tauschen - schenken lassen
comics: kaufen - ausleihen - tauschen - schenken lassen
romanhefte: kaufen - ausleihen - tauschen - schenken lassen
zeitschr.: kaufen - ausleihen - tauschen - schenken lassen

15. Bist du mitglied in einer bücherei? Wenn ja, welcher?
....

16. Aus welchen gründen liest du hauptsächlich?
....

17. Wie viele bücher besitzt du selbst?
....

18. Regen dich deine eltern zum lesen an? Wenn ja: was empfehlen sie dir?
....

19. Gehören deine eltern einer buchgemeinschaft an?
....

20. Wie viele bücher besitzen deine eltern?
....

21. Wo liest du daheim meistens?
....

22. Welche gründe gibt es, die dich am lesen hindern?
....

23. Wieviel geld gibst du durchschnittlich im monat für lesestoff aus (bücher – comics – romanhefte – tageszeitung – zeitschriften)?
....
....
....
....

24. Welche comics, zeitschriften, zeitungen, romanhefte kaufst du dir öfter?
....
....
....
....

25. Von wem hast du bisher schon bücher geschenkt bekommen?
Wenn ja, zu welchen anlässen?
....
....

26. Sprichst du manchmal mit jemand über deinen lesestoff (nach der lektüre)? Wenn ja, mit wem?
....

27. Sozialstatistische angaben:
dein alter ....
dein geschlecht ....
schultyp ....
schülerjahrgang ....
beruf der eltern ....
schulbildung der eltern ....
schultyp des besten freundes ....

(Aus: Praxis Deutsch [Mai 1980], Heft 41, S. 41.)

2. *Aktualität und Realität*

Der Aktualitäts- oder Realitätsbegriff wird falsch verstanden oder im konformistischen Sinn angewandt. ‚Moderne' Literatur von ‚heutigen' Schriftstellern ist noch kein ausreichendes Postulat: Walther von der Vogelweides politische Lieder, die ‚Ringparabel' aus Lessings „Nathan der Weise" oder Schillers Losung „Geben Sie Gedankenfreiheit" aus „Don Carlos" können aktueller und realitätsbezogener sein als Texte aus der Gegenwart. Zeitgenössische Literatur muß nicht zwangsläufig aktuelle Probleme transparent machen und dem distanzierenden Lesen (gegen den Strich) entgegenkommen[8]. Allerdings kann die Literatur der Gegenwart auch nicht unberücksichtigt bleiben, nur weil sie noch nicht zum „klassischen" Kanon gehört.

3. *Gattung, Art, Genre*

Der Sachbegriff Literatur darf sich nicht auf die literarische Gattung konzentrieren. Wenn der Gattungsbegriff nicht entwickelt, sondern in Überschriften dargeboten wird, bleiben Fragen nach der Funktion und dem Erkenntniswert innerhalb des Lernprozesses unberücksichtigt[9]. Der Eindruck kann nicht widerlegt werden, daß der Literatur so „ein Dasein ohne Bezug auf geschichtliche, gesellschaftliche oder sonstige Realität in Selbstgenügsamkeit – ‚selig in sich selbst' – zugesprochen"[10] werden soll. Daher fragt Braun mit Recht: „Ist eine Kurzgeschichte literarisch nur als Kurzgeschichte verstehbar?"[11]

4. *Abbildungen*

Die Beispiele im Lesebuch können sich nicht nur auf den geschriebenen (Buch)-Text beschränken: die Abbildungen in den verschiedensten Formen (Ölgemälde, Zeichnung, Radierung, Lithographie, Karikatur, Foto, Plakat, Grafik, Statistik, Plastik . . .) sind als ‚Textsorte' gleichberechtigt in den Gesamtzusammenhang zu stellen, damit die Bilder nicht „schlichtweg überflüssig"[12] sind.

5. *Didaktik und Methodik*

Die didaktische und methodische Gestaltung bedarf einer durchdachten Konzeption; die einzelnen Texte dürfen nicht isoliert sein: Jedes geschriebene Wort ist in Beziehung zur Zeit seiner Entstehung und zur Zeit seiner Rezeption zu setzen. Damit eine Ein- oder Zuordnung möglich wird, ist es notwendig, Hinweise zur Zeit

---

8 Vgl. Heinz Ludwig Arnold, Das Lesebuch der 70er Jahre. Kritik und Neuentwurf. Köln: Kiepenheuer & Witsch 1973 = pocket 45, S. 35.

9 Vgl. Peter Braun, Neue Lesebücher. In: Peter Braun (Hrsg.), Neue Lesebücher – Analyse und Kritik. Düsseldorf: Bertelsmann Universitätsverlag 1972 = Literatur und Gesellschaft 5, S. 8.

10 Jürgen Kreft, Das Lesebuch als literarisches Arbeitsbuch. In: Geiger, Lesebuchdiskussion 1970–1975, S. 25/26.

11 Peter Braun, Neue Lesebücher. In: Braun, Neue Lesebücher – Analyse und Kritik, S. 8.

12 Konrad Wünsche, Literarische Bildung? In: Geiger, Lesebuchdiskussion 1970–1975, S. 128.

der Entstehung, Hinweise auf den Autor und seine persönlichen und gesellschaftlichen Voraussetzungen, Informationen zum Publikum und zur Tradition bestimmter Formen und Stilmittel zu geben[13].

„Ein kritischer Literaturunterricht geht davon aus, daß ein literarisches Werk nicht an und für sich ist, sondern in bestimmter Zeit zu bestimmten Zeitgenossen spricht und bestimmte gesellschaftliche Zustände und Kämpfe widerspiegelt, daß es, in andere Verhältnisse transportiert, notwendig immer anders verstanden wird, vor allem aber ganz veränderte Funktionen erfüllen kann, gegebenenfalls solche, die seinen ursprünglichen Intentionen direkt zuwiderlaufen."[14]

6. *Binnenstruktur*

Gattungs- bzw. motivspezifische Gliederungen allein genügen nicht als Konzeption für die innere Struktur. Sich aufeinander beziehende Beispiele (Texte, Materialien, Abbildungen) innerhalb einer logisch aufgebauten, abgerundeten Unterrichtseinheit, nach einer thematisch bestimmten Ordnung, aber – „Orientierungswörter ohne interpretierende Funktion"[15] –, sind notwendig, um die „komplizierten Strukturen gesellschaftlicher Wirklichkeit nicht als undurchschaubares Schicksal zu nehmen, sondern sie als Konstellation sozialer Umstände zu erkennen"[16].

7. *Lese- und Arbeitsbuch*

Das Lehrbuch im Fach Deutsch (auch und vor allem in der berufsbildenden Schule) muß ein Lese- und Arbeitsbuch sein. Dazu gehören weiterführende Lesehinweise (Primär- und Sekundärliteratur), Quellen, Zahlen, Daten, Fragen, Anregungen zur Diskussion, Impulse zur selbständigen Arbeit, methodische Hinweise, Worterläuterungen, Alternativen. Es kommt darauf an, daß die in den Beispielen vermittelten Inhalte und Erfahrungen daraufhin beurteilt werden können, inwiefern sie neue Erkenntnisse ermöglichen und auf die eigenen Bedürfnisse und Interessen projiziert werden können[17]. Für den Teilbereich I innerhalb des berufsbildenden Schulwesens ist auch die Aufnahme von **Sachgebieten** (aus dem Bereich der Sprachlehre) erforderlich, so daß wesentliche grammatische Strukturen (früher in einem getrennten Sprachbuch) im Lehrbuch erscheinen und es zu einem wirklichen **Lese-** und **Arbeits**buch machen.

Das Lesebuch in der berufsbildenden Schule muß im Kontext eines emanzipatorischen Bildungsprozesses stehen, wenn es mit dazu beitragen soll, Schüler in den Stand zu versetzen, ihre eigene Sozialisation zu betreiben, in der Schule sowie in der Berufs- und Arbeitswelt zu bestehen, ihre Freizeit sinnvoll zu gestalten,

---

13 Vgl. Malte Dahrendorf, Eine neue Lesebuch-Generation. Das Lesebuch als Antwort auf eine konkrete gesellschaftliche Situation. In: Bertelsmann-Briefe, Nr. 78 (Sonderdruck), S. 14.

14 Heinz Ide, Die Schullektüre und die Herrschenden. In: Heinz Ide (Hrsg.), Bestandsaufnahme Deutschunterricht. Ein Fach in der Krise. Stuttgart: Metzler 1970, S. 17.

15 Martin Behrendt, Zwischen Sprache und Dichtung. Zur Lesebuchsituation heute. In: Westermanns Pädagogische Beiträge 21 (1969), S. 281.

16 Peter Glotz / Wolfgang Langenbucher, Versäumte Lektionen. In: Helmers, Lesebuchdiskussion, S. 153.

17 Vgl. Siegfried Buck / Wenzel Wolff, Das Grundschullesebuch als lernzielorientiertes Arbeitsbuch. In: Geiger, Lesebuchdiskussion 1970–1975, S. 274 ff.

4 Goette – ISBN 3-8120-0342-2

Kommunikationsprozesse zu verstehen und Kommunikationsschwierigkeiten zu überwinden, d.h. Probleme einer Gesellschaft, in der sie leben und arbeiten, zu lösen, die Schüler zur kritischen Reflexion zu befähigen, damit eine Entwicklung zu einem mündigen, aufgeschlossenen, toleranten, demokratischen Staatsbürger möglich ist. Dazu ist es notwendig, daß das Lesebuch einer ständigen Revision unterliegt. Es gibt keine endgültige, „zeitenthobene, allgemeingültige"[18] Konzeption; das Verhältnis zwischen Lebenswirklichkeit und Lesebuchwirklichkeit muß immer überprüft werden, damit es nicht, wie Minder festgestellt hat, „neben der Zeit"[19] lebt. Der Schüler muß also etwas über die Probleme der Arbeitswelt, der Technik und industriellen Entwicklung, der Umweltgefahren, die Möglichkeiten einer kreativen Freizeitgestaltung erfahren, die sozialen Beziehungen durchschauen, Vorurteile abbauen, Fragen der Sozialisation und Emanzipation, der Geschichte (auch der Kriege, Verfolgung, des Widerstandes) und der aktuellen politischen Strukturen (auch in der DDR) nachlesen können, damit er sich nicht „außerordentlich wundert" (Erich Kästner), wenn er die Schule verläßt. Schon Kerschensteiner hat darauf aufmerksam gemacht, daß im Selbstverständnis unseres Schulwesens und seiner Organisation Bildungsprozeß und Arbeitswelt zu integrieren seien, um die gesellschaftliche Wirklichkeit zu repräsentieren[20]. Schmiederer hat das Problem für die Gegenwart verdeutlicht: „Nur wenn der Jugendliche einmal gelernt hat, was es bedeutet, die eigene Situation zu reflektieren, kann man hoffen, daß er auch spätere Situationen nicht einfach hinnimmt."[21]

Was diese Forderungen für ein Lehrbuch (Lese- und Arbeitsbuch) im Deutschunterricht der berufsbildenden Schule der Gegenwart bedeuten, soll unter Berücksichtigung einiger wesentlicher Faktoren (Geschichte des Lesebuchs, Lesebuch-Konzeptionen, berufsbildendes Schulsystem) dargestellt werden.

3.1 Konzeption, Aufgabe und Funktion des Lesebuches in Vergangenheit und Gegenwart

Aus den gegebenen Faktoren und Schwierigkeiten, die durch Ausbildung, Schulwirklichkeit und strukturelle Heterogenität des Schulwesens und des jeweiligen Adressatenkreises bedingt sind, soll der Versuch unternommen werden, die Konzeption eines Lesebuches für die berufsbildende Schule in den drei Teilbereichen vorzustellen. Wer aber an ein neues Lesebuch denkt, muß erst vom alten sprechen, nicht nur, weil es heute noch das herrschende ist[22], sondern auch, um aus der Vergangenheit und den tradierten Vorstellungen Schlußfolgerungen zu ziehen und

18 Malte Dahrendorf, Eine neue Lesebuch-Generation, S. 7.

19 Robert Minder, Soziologie der deutschen und französischen Lesebücher. In: Helmers, Lesebuchdiskussion, S. 12.

20 Vgl. Georg Kerschensteiner, Theorie der Bildungsorganisation. Leipzig 1933.

21 Rolf Schmiederer, Zur Kritik der Politischen Bildung. Ein Beitrag zur Soziologie und Didaktik des Politischen Unterrichts. Frankfurt: Europäische Verlagsanstalt [4]1971, S. 106.

22 Vgl. Heinz Geiger/Jochen Vogt, Ein Lesebuch für die Schülerschule. In: Geiger, Lesebuchdiskussion 1970–1975, S. 98.

dem Schüler (dem Staatsbürger der Gegenwart) die Möglichkeit zu eröffnen, „sich unbefangen und selbstverständlich im sozialen Raum zu bewegen"[23]. Ein historischer Rückblick in die Vergangenheit (Tradition) kann an dieser Stelle nur kurz sein[24]; aber er ist notwendig, um die wesentlichen Konzeptionen des Lesebuches aufzuzeigen und die Bedingungen und Anforderungen, die an ein Lesebuch in der Gegenwart zu stellen sind, transparent werden zu lassen. Die Diskussion über das Lesebuch aus historischer Perspektive hat zudem exemplarische Qualität. „An ihr lassen sich komprimiert die jeweiligen Kontroversen und Diskussionen über Literaturunterricht insgesamt ablesen; d.h. Fragen der Lernzielbestimmung, des Literaturbegriffs, der Kanonbildung und des methodischen Umgangs mit Texten."[25]

3.1.1 Das Lesebuch und die Tradition

Fielen dem Mann vom Mond deutsche Lesebücher in die Hände, so schrieb 1953 der französische Germanist Robert Minder, er dächte, „ein reiner Agrarstaat muß dies Deutschland sein, ein Land von Bauern und Bürgern, die in umhegter Häuslichkeit schaffen und werkeln und seit Jahrhunderten nicht mehr wissen, was Krieg, Revolution, Chaos ist. [. . .] Alte Nester, schiefe Dächer: der gärende drängende Aufbruch endet in einem Stilleben von Riesenausmaß"[26]. Dieser Angriff gegen den in unseren Lesebüchern über viele Jahre hindurch verwirklichten geisteswissenschaftlichen „Morgenthauplan" eröffnete eine bis heute anhaltende, aber auch sehr notwendige Diskussion um die Erneuerung des Lesebuches. Es bleibt Minders historisches Verdienst – wie Heinz Ide richtig festgestellt hat –, darauf hingewiesen zu haben, daß dem deutschen Lesebuch sowohl die politische als auch die soziale Dimension fehlt[27]. Die Logik dieser schlichten Feststellung wird dem Leser sofort bewußt, wenn er sich dem lange – zu lange – gepflegten Lesebuch-Typ als Leselernbuch, Chrestomathie, Morallehre – dem Gesinnungslesebuch – widmet.

3.1.1.1 Gesinnungslesebuch

„Der Mensch und die Natur" („Natur, o Urgrund, allbewegt und allbereit"), „Ruf der Gemeinschaft", „Familie und Volkstum", „Schicksal und Tod", „Bewährung und Heldentum", „Vaterland und Menschheit", „Schuld und Sühne", „Gott und

---

23 Peter Glotz / Wolfgang Langenbucher, Versäumte Lektionen. In: Helmers, Lesebuchdiskussion, S. 153.

24 Vgl. die umfassende Darstellung von Peter-Martin Roeder, Zur Geschichte und Kritik des Lesebuchs der höheren Schule. Weinheim: Beltz 1961 = Marburger pädagogische Studien 2 (Auszug in: Helmers, S. 44–72);

Walther Killy, Germanistik, eine deutsche Wissenschaft. Frankfurt: Suhrkamp 1967 (Auszug in: Helmers, S. 355–377);

Horst Joachim Frank, Geschichte des Deutschunterrichts. Von den Anfängen bis 1945. München: dtv 1979 = dtv WR 4271/4272.

25 Heinz Geiger, Vorbemerkung. In: Geiger, Lesebuchdiskussion 1970–1975, S. 7.

Vgl. auch Valentin Merkelbach, Medien für den Deutschunterricht. Eine kommentierende Dokumentation. A. Lesebücher. In: Hubert Ivo/Valentin Merkelbach, Abschied vom klassischen Schulfach. Zum Beispiel: Deutsch. Heidelberg: Quelle & Meyer 1972, S. 43–87.

26 Robert Minder, Soziologie. In: Helmers, Lesebuchdiskussion, S. 9.

27 Vgl. Heinz Ide, Die Schullektüre und die Herrschenden. In: Bestandsaufnahme DU, S. 11.

die Welt"[28] so hießen die Überschriften dieser nach ‚Lebenskreisen' geordneten Lesebücher vor 1933, während der Zeit des Nationalsozialismus und nach dem Krieg – weitgehend ohne einschneidende Veränderungen. (Es versteht sich von selbst, daß während der nationalsozialistischen Diktatur Begriffe wie Acker, Erde, Scholle ideologisch mißbraucht wurden[29].) Nach 1945 – vor allem nach der Gründung der Bundesrepublik Deutschland (1949) – wurden Texte mit ausgesprochen faschistischen Inhalten allerdings eliminiert, aber immer blieb dieses Lesebuch in seiner geschichtlichen Entwicklung „ein getreuer Spiegel der jeweils herrschenden gesellschaftlichen Moral und der sie legitimierenden Ideologie"[30]. Im 18. Jahrhundert wurde es als „Morallehre" verwandt: Moralisch-religiös geprägte Beispielgeschichten sollten Vorbilder abgeben oder waren als Abschreckung gedacht. Die Schule wurde als moralische Anstalt interpretiert. Mit zunehmendem Denken der Aufklärung drangen mehr ‚weltliche' Stoffe ins Lesebuch (die Abhängigkeit von der Kirche wurde geringer; das Bürgertum erstarkte); aber immer war man darauf bedacht, die **Gesinnung** im Sinn der jeweiligen Interessenlage zu schulen. „Der ältere Typus des ‚Gesinnungslesebuchs' arrangierte in den berüchtigten ‚Motiv-' oder ‚Lebenskreisen' Versatzstücke kanonisierter oder auch epigonaler Dichtung, enzyklopädischer Sachkunde und gefühlsorientierter Wertpädagogik zu einem Kosmos des schönen Scheins, in dem die Undurchschaubarkeit der zeitgenössischen Lebenswelt transparent, die Verfilzung und Interdependenz aller Lebensbereiche entwirrt, jeder Konflikt befriedigt wurde."[31] Die nach dieser Intention konzipierten Lesebücher täuschen nicht nur eine heile Welt vor, sondern machen aus dem Deutschunterricht auch eine Andacht, eine Feierstunde. „Dies Lesebuch tradiert einen an klassischer und klassizistischer Ästhetik orientierten Literaturkanon und ist ausgerichtet auf eine Didaktik, die – an Dilthey geschult – ‚Begegnung mit dem dichterischen Sprachwerk' zu ‚Erlebnis' und ‚Ereignis', ja zur inneren ‚Feier' werden lassen will, d.h., der Schüler soll in einen Text ‚hineinhorchen', sich in Kunst ‚versenken' und einfühlend Stimmung in sich erzeugen: der Irrationalismus deckt den Schleier des Gefühls über den auszubildenden Verstand. Literatur wird nicht in ihrer historischen Relativierung, an ihrem historischen Ort erläuternd aufgesucht, sondern es soll im Gegenteil nachgewiesen werden [. . .], ‚daß wahre Dichtung unhistorisch ist'"[32]. Man durfte schwärmen, fühlen, ergriffen sein, sich etwas vormachen, rezitieren – nur kritisch *nach*fragen durfte man nicht. Aus der feindlich empfundenen Umwelt floh man in den scheinbaren Schutz des Herkömmlichen, in die Geborgenheit der Idylle, in die Übersichtlichkeit des Provinziellen. Unheil kam aus der ‚unübersichtlich' gewordenen Stadt, von der Technik, von der Politik. Man

28 Vgl. die ausführliche Darstellung von Wolfgang Schulz, Die Welt im Lesebuch. Aus einer Untersuchung des Berliner Arbeitskreises Didaktik. In: Helmers, Lesebuchdiskussion, S. 28–43.

29 Den Mißbrauch und die verfälschende Ideologisierung hat Jörg Ehni eingehend untersucht; vgl. J. E., Das Bild der Heimat im Schullesebuch. In: Helmers, Lesebuchdiskussion, S. 248–336; vor allem S. 263ff. Vgl. auch Peter Hasubek, Das deutsche Lesebuch in der Zeit des Nationalsozialismus. Hannover: Schroedel 1973.

30 Valentin Merkelbach, Lesebuch. In: Kritische Stichwörter, S. 202.

31 Heinz Geiger/Jochen Vogt, Ein Lesebuch für die Schülerschule. In: Geiger, Lesebuchdiskussion 1970–1975, S. 98.

32 Heinz Ludwig Arnold, Lesebuch der 70er Jahre, S. 10 (Arnold verweist auf Bochingers Buch „Der dialektische Besinnungsaufsatz", in dem es – sich auf Ulshöfer beziehend – heißt, daß die „immer wieder geforderte innere Totalität der Bildung im ‚Aufbau eines einheitlichen Sinngefüges im Schüler'" anzustreben sei).

wollte die Wirklichkeit nicht sehen, oder sie wurde verschleiert. Das „Schatzkästlein in Leinendeckeln", das „moralisch Vorbildliche" und die heile Welt, die man der Jugend vorgaukelte, hat die in diesem Sinn erzogene Generation aber nicht davor bewahren können, zwei Weltkriege mit 65 Millionen Toten zu erleben[33]. Ein Tatbestand, der von Kritikern der neuen Lesebuch-Generation gern übersehen wird, aber nicht übersehen werden sollte.

1945 regenerierte sich Deutschland (die westlichen Besatzungszonen), indem es sich politisch und geistig auf die Weimarer Republik berief[34]. Diese Entwicklung wird von Heinz Ide scharf kommentiert: „Der Rückschritt zur Weimarer Republik bedeutete für den Literaturunterricht, daß er sich dem bürgerlichen Bildungsbegriff und seinem Wertekanon verschrieb. Nur die faschistische Übermalung wurde abgekratzt, und man glaubte sich heimgekehrt zu den humanistischen Vätern und Regionen ewig gültiger humaner Gedanklichkeit."[35] Eine für die Stunde Null sicher sehr kompromißlose Feststellung; bei der Neigung der Deutschen, immer etwas Absolutes und ewig Gültiges zu schaffen und es dann festzulegen, ist dies aber durchaus bedenkenswert.

Es soll aber festgehalten werden, daß diese Konzeption auch ihre Berechtigung gehabt hat; sie vermeidet eine formalisierte Textisolierung. Die Gliederung nach ‚Lebenskreisen' ist auch nicht zu kritisieren, sondern die Engstirnigkeit der beabsichtigten unrealistischen Weltordnung; mit Recht schreibt Dahrendorf deshalb, daß diese Konzeption lebens- und weltoffen ist, „‚Leben' und ‚Welt' allerdings in einem ganz ungesellschaftlichen Verständnis, das die tatsächliche Widersprüchlichkeit des Lebens und die Antagonismen der gesellschaftlichen Realität durch Überhöhung und Rückbezug auf eine letztlich heile und geschlossene Weltordnung harmonisiert und kompensiert"[36]. Diese Konzeption ist stark von existentieller Philosophie und pädagogischer Lebenshilfetheorie geprägt und beeinflußt[37]. ‚Hingabe' und ‚Versenkung' können natürlich **nicht** die angemessene Form des Umgangs mit Literatur sein[38].

Eine Ablösung oder Relativierung erfuhr das Lesebuch durch das ‚literarische' (literaturkundliche) Arbeitsbuch, das auf eine Didaktik zurückgeht, „die es ablehnt, kompetente Aussagen über die erzieherische Funktion des Sprach- und Literaturunterrichts zu machen und Literatur und die Beschäftigung mit ihr zum Selbstzweck erhebt"[39].

---

33 Vgl. Werner Klose, Drucksachen – Drecksachen. In: Geiger, Lesebuchdiskussion 1970–1975, S. 361.
Zur Entwicklung des Lesebuchs zum nationalsozialistischen Machtinstrument vgl. Klaus-Jörg Siegfried, Das deutsche Lesebuch in der Zeit des Nationalsozialismus. Kritische Anmerkungen zur Analyse faschistischer Schulbücher. In: Diskussion Deutsch (1979), Heft 47, S. 288–306.

Karlheinz Rebel hat festgestellt, daß ungewollt „so manche der deutschkundlichen Bücher den Nationalsozialisten den Weg" bereiteten, weil diese den Wert des Lesebuches als hochwirksames politisches Schulungsmittel erkannten und mißbrauchten. Karlheinz Rebel, Das deutsche Lesebuch – einst und jetzt. In: Helmers, Lesebuchdiskussion, S. 94 ff.

34 Zum Lesebuch in der Weimarer Republik vgl. Dieter Mayer, Deutsche Art und Kunst. Von Lesebüchern und Gegenlesebüchern in der Weimarer Republik. In: Diskussion Deutsch (1979), Heft 47, S. 306–321.

35 Heinz Ide, Die Schullektüre und die Herrschenden, S. 11.

36 Malte Dahrendorf, Eine neue Lesebuch-Generation, S. 9.

37 Vgl. Ernst Goette / Jürgen-Wolfgang Goette, Aspekte einer neuen Lesebuchdiskussion. In: Erziehungswissenschaft und Beruf 22 (1974), Heft 4, S. 405.

38 Malte Dahrendorf, Eine neue Lesebuch-Generation, S. 8.

39 Vgl. Kathrin Vier, Zur Ästhetik des Lesebuchs. In: alternative 8 (1965), Heft 45, S. 225.

3.1.1.2 *Literarisches Arbeitsbuch*

„Novellen", „Kurzgeschichten", „Fabeln", „Gedichte", „Balladen" – so lauteten die Überschriften des **literaturkundlich** orientierten Lesebuches, das sich zum Ziel gesetzt hatte, den Irrationalismus des bis dahin dominierenden Lesebuchs durch Sachlichkeit und Nüchternheit zu ersetzen. Es sollte nun keine „Moral" oder „Gesinnung" mehr gelehrt werden, sondern die dichterischen Formen und Strukturen in ihren verschiedensten Formen wurden hervorgehoben. Als oberstes Auslesekriterium galt dabei der ‚Wert' der Texte, so daß nur das dichterisch Wertvolle Aufnahme fand, denn nur das vermeintlich Hochrangige galt als pädagogisch relevant. So hebt Gerth hervor, daß jedes Buch seinen Leser ernst nehmen sollte. „Das heißt zunächst, daß jeder Text *literarische und sprachliche Qualität* besitzen muß. Die vielen gutgemeinten Trivialitäten und Reimereien, die brüchigen und stümperhaften Umwelttexte dritt- und viertklassiger Autoren müssen aus unseren Lesebüchern verschwinden"[40]. Steinbach erklärte apodiktisch, daß „jeder Text, der dem Wertbegriff nicht genügt", im „Lesebuch verfehlt" sei[41]. Das Formal-Strukturale wird betont, wenn Helmers fordert: „Es genügt nicht, im Lesebuch einen Teil der gegenwartsfernen Texte durch zeitbezogene Texte zu ersetzen. Wichtiger als die Forderung nach Ausgewogenheit der literarischen Inhalte ist die Forderung, den Schüler auf allen Bildungsstufen mit den literarischen Strukturen vertraut zu machen und ihm dadurch Zugang zur Literatur (im engeren Sinn: zur Dichtung) zu ermöglichen."[42] Die Unhaltbarkeit dieser Position ist offensichtlich. Gerth hat auch später konstatiert, daß ein Lesewerk „der gewandelten geistigen und pädagogischen Situation unserer Zeit gerecht zu werden"[43] versuchen muß und geschrieben, daß „Urteilen und Erkennen" gegenüber „Fühlen und Erleben" stärker akzentuiert werden muß[44]. Daß die Einsicht in literarische Strukturen allein noch nicht den geringsten Erkenntniswert für sich selbst hat, bedarf keiner weiteren Ausführung, daß sie „bei schwierigen Organisationsmustern eine wichtige Voraussetzung für das Verständnis von Inhalten"[45] sein kann, wird überhaupt niemand in Zweifel ziehen wollen.

Im Gefolge der Überlegungen, der Literatur (= Dichtung) den absoluten Rang einzuräumen, kamen wenigstens die ‚schwierigen' modernen Dichter ins deutsche Lesebuch: Gottfried Benn, Paul Celan, Nelly Sachs, Hilde Domin und viele andere.

Das **literarische** Lesebuch war ganz der werkimmanenten Interpretation verschrieben und teilt somit auch ihre ganze Problematik. Die Kritiker fragen daher mit Recht, wo in den Lesebüchern (das gilt auch für die Lehrerhefte) ‚Literatur-

---

40 Klaus Gerth, Gedanken zu einem neuen Lesebuch. In: Helmers, Lesebuchdiskussion, S. 167.

41 Dietrich Steinbach, Der literarische Wertbegriff und das Lesebuch. In: Helmers, Lesebuchdiskussion, S. 223. Er vertritt die Auffassung, daß die anderen Textsorten ihre Aufnahme nur „einem bedenklichen Kokettieren mit der sogenannten Aktualität, einer Wirklichkeit, die alles andere als wahr und richtig ist" verdanken (S. 223).

42 Hermann Helmers, Vorwort. In: Helmers, Lesebuchdiskussion, S. IX.

43 Klaus Gerth, Gedanken zu einem neuen Lesebuch. In: Helmers, Lesebuchdiskussion, S. 178.

44 In einem „Nachtrag" zu seinem Aufsatz hat Gerth darauf verwiesen, daß er seinen Beitrag „heute" (= 1967) anders abgefaßt hätte; vgl. Helmers, Lesebuchdiskussion, S. 179.

45 Valentin Merkelbach, Sollen Lesebücher nach Gattungen oder nach Themen gegliedert werden? In: Geiger, Lesebuchdiskussion 1970–1975, S. 63.

soziologie' vorkomme[46]. Das Kunstwerk gilt eben als sakrosankt, das nur ‚ergriffen' verehrt, aber nicht kritisch befragt werden darf. Der Leser soll vor der Einmaligkeit des Kunstwerks ‚erschauern'. Peter Schneider hat dazu geschrieben: „Wir sind so verdammt immanent gewesen. Als wir den Prinzen von Homburg durchgenommen haben, da haben wir den Prinzen von Homburg durchgenommen. Als er verzweifelt war, weil er einen sinnlosen Befehl nicht befolgte, da haben wir uns nicht gefragt, wieso er deswegen verzweifelt war. Als er sich auf seinen Tod vorbereitete, da haben auch wir uns auf seinen Tod vorbereitet. Als er sich eine Augenbinde anlegen ließ, da haben auch wir uns eine Augenbinde anlegen lassen. Und als sich der Kurfürst mit ihm versöhnte, da waren auch wir versöhnt. Wir waren alles. Wir waren groß und erhaben wie Schiller, wenn wir Schiller lasen, krank und ironisch wie Thomas Mann, wenn wir Thomas Mann lasen, universal und ein Glücksfall, wenn wir Goethe lasen, aber niemals lasen, dachten, fühlten wir so, wie wir selber waren."[47] Der Forderung, daß wir Lehr- und Lesebücher benötigen, „die unter dem Gesichtspunkt der ästhetischen Erziehung konzipiert sind"[48], kann deshalb nicht zugestimmt werden.

Die Wertvorstellungen, die als ‚allgemeingültig' galten, sollten nicht rational vermittelt werden, sondern im Kunstwerk zum ‚Erlebnis' gelangen, wohl deshalb, wie angemerkt werden muß, „weil sie kritischer Überprüfung angesichts eklatanter Differenzen zur Realität nicht standhielten"[49]. Eine stark auf das Formale und Ästhetische abgestellte Betrachtungsweise vermag zwar das literarische Wertbewußtsein zu stärken, kann aber das soziale Bewußtsein nicht adäquat entwickeln. Es besteht die Gefahr der Anpassung und Selbstverleugnung. Daß Texte auch eine ideologische Funktion haben und diese auf eine bestimmte Art eine soziale Kontrolle ausüben können, wurde außer acht gelassen. „Wenn Deutschunterricht als literaturkundlicher Unterricht für angehende Lehrlinge – auf dem Weg zum Arbeiter oder Angestellten – sinnvoll auf deren nachschulische, also berufliche Existenz bezogen sein soll [und das sollte er unbedingt, der Verf.], dann darf er sich nicht damit begnügen, Literatur als bleibendes Bildungsgut zu vermitteln. [. . .] Er muß vielmehr eine prinzipielle Aufgabe darin sehen, mittels einer inhaltlich und formal adäquaten Literatur kritisches Denken nicht nur allgemein, sondern auch speziell bezogen auf die zu erwartende Lebenssituation der Schüler zu lehren und zu üben."[50] (Wallraff war noch nicht da!)[51]

---

46 Vgl. Heinz Ide, Zur theoretischen Grundlegung dreier Lesewerke: Lesebuchkritik I für die Realschule. In: Bestandsaufnahme DU, S. 46 und Franz Hebel, Versäumte Möglichkeiten des Deutschunterrichts in der Oberstufe des Gymnasiums. Die Bedeutung der Literatursoziologie für die Didaktik des Deutschunterrichts. In: Diskussion Deutsch (1970), Heft 1.

47 Zit. bei Reinhard Baumgart, Was soll Germanistik heute? Vorschläge zur Reform. In: Jürgen Kolbe (Hrsg.), Ansichten einer künftigen Germanistik. München: Hanser ^{2}1969 = Reihe Hanser 29, S. 12.

48 Walter Henze, Poetik und Didaktik. In: Detlev Kochan (Hrsg.), Allgemeine Didaktik. Fachdidaktik. Fachwissenschaft. Darmstadt: Wissenschaftliche Buchgesellschaft 1972 = Wege der Forschung LXVIII, S. 280.

49 Helmut Hoffacker/Bodo Lecke, Beliebte Opfer oder Klassiker in der Schule. Aus Handbüchern für den Deutschunterricht. In: Bestandsaufnahme DU, S. 37.

50 Heinz Ludwig Arnold, Lesebuch der 70er Jahre, S. 44.

51 Vgl. Jochen Vogt, Wallraff war hier . . . und noch jemand. Eine Übung in Lesebuchkritik. In: Geiger, Lesebuchdiskussion 1970–1975, S. 290–310.

3.1.1.3 *Literaturgeschichtliches Lesebuch*

In der Lesebuch-Diskussion in der Bundesrepublik Deutschland hat diese Form des Aufbaus – ein literaturgeschichtlicher Abriß von den ‚Merseburger Zaubersprüchen' bis zur ‚Publikumsbeschimpfung' von Peter Handke, chronologisch und epochebezogen – nicht so starkes Interesse gefunden. Immerhin sind Lesebücher im Ausland häufig so gestaltet. Auch ein Teil der Lesebücher in der DDR ist literaturgeschichtlich strukturiert[52]. In der Bundesrepublik gibt es nur relativ wenig Beispiele für diese Art – vor allem für die Sekundarstufe II (Gymnasium im allgemeinbildenden Schulwesen).

Der Vorteil dieser Konzeption liegt darin, daß er *sachlich* begründet ist. Über Einzelheiten der Abgrenzung und Überschneidungen von Epochen kann zwar gestritten werden; die Abfolge und der Wandel literarischer Formen und Inhalte sind aber unbestreitbar. Den Bedürfnissen und Interessen der Schüler kommt diese Konzeption jedoch nicht entgegen; die völlige Unfruchtbarkeit in bezug auf die geistig-inhaltliche Auseinandersetzung liegt auf der Hand. Man verharrt zu sehr im ‚Antiquarischen' (Nietzsche); der Gegenwartsbezug bleibt undeutlich oder wird ausgespart. Vorwürfe, wie sie gegen das formalorientierte Lesebuch vorgebracht werden, gelten auch für diese Konzeption. „Gemeinsam befahren sie die literaturpädagogische Einbahnstraße, die immer auf den Schüler zu, niemals von ihm ausgeht."[53] Seit Mitte der 60er Jahre wurden die Lesebücher von vielen Seiten heftig kritisiert: „Schüler fanden die Auswahl häufig veraltet und zuwenig auf die Realität bezogen; Lehrer empfanden die methodisch-didaktische Aufbereitung nicht genug durchdacht, und Wissenschaftler wiesen nach, daß viele Lesebücher einseitig informieren und vor allem nicht zum kritischen Denken anregen."[54]

Minder hat auf den dominierenden, einseitig vertretenen „unpolitischen Konservatismus", die Emotionalisierung des Bezuges zu Heimat, Vaterland, Familie, die Ausklammerung des politisch-sozialen, ökonomischen, technischen Bereichs und eine verfälschende Mythisierung der Arbeitswelt im Lesebuch, das sich der Tradition verschrieben hat, hingewiesen[55]. Eine befriedigende Antwort kann nur durch eine Konzeption gegeben werden, die die Bedingungen der Gegenwart berücksichtigt, den Schüler als kritischen Adressaten anspricht und in der Lage ist, eine offene demokratische Auseinandersetzung zu initiieren, ohne Vergangenes zu leugnen oder gar schlechtzumachen.

---

52 Vgl. die ausführliche Darstellung zur Konzeption des Lesebuches in der DDR von Horst Strietzel: H. St., Von der „Anthologie" zum „Literaturkundlichen Arbeitsbuch" – Aspekte der Lesebuchentwicklung in der Deutschen Demokratischen Republik. In: Helmers, Lesebuchdiskussion, S. 378–394.

Hildegard Breuner, Das DDR-Lesebuch. In: alternative 8 (1965), Heft 45, S. 237–240. Hildegard Breuner betont, daß das DDR-Lesebuch im Gegensatz zu westdeutschen Lesebüchern die „aufklärerische, bürgerlich-demokratische Linie der deutschen Literatur" herausstellt (S. 238).

53 Heinz Geiger/Jochen Vogt, Ein Lesebuch für die Schülerschule. In: Geiger, Lesebuchdiskussion 1970–1975, S. 98.

54 Ernst Goette/Jürgen-Wolfgang Goette, Vorwort. In: Kritisches Lesebuch. Texte und Materialien zum Deutschunterricht. Rinteln: Merkur ^{5}1979, S. 5.

55 Vgl. Robert Minder, Soziologie. In: Helmers, Lesebuchdiskussion, S. 43 und Rüdiger Frommholz, Lesebuchkritik. In: Boueke, Deutschunterricht in der Diskussion, S. 422 f.

3.1.2 Das Lesebuch in der Gegenwart

Die Diskussion über die besonderen Probleme und Schwierigkeiten des Deutschunterrichts, die gegen Ende der 60er Jahre ihren ersten Höhepunkt erreichte, hatte vor allem zwei Gründe: Einmal waren es beträchtliche inhaltliche Defizite, die in der Unterrichtspraxis sichtbar wurden, und zum anderen war es die Tatsache, daß man plötzlich öffentlich sensibel geworden war für die Konsequenzen, die in der Schule Gelerntes auf die gesellschaftliche Entwicklung haben kann. Alles sollte anders werden. Die Auseinandersetzungen um die Entwürfe zu den Hessischen Rahmenrichtlinien, heiß umstritten und umkämpft wie ‚Rahmenrichtlinien' noch nie zuvor umstritten und umkämpft waren, zeigten erste Ergebnisse[56]. Auch für das Lesebuch wurden neue Wege (Konzeption, Didaktik, Methodik, Inhalt, Ziele) gefordert. Die „Versäumten Lektionen", von Glotz und Langenbucher herausgegeben[57], und das von Klaus Wagenbach zusammengestellte „Lesebuch – Deutsche Literatur der sechziger Jahre"[58] können in dieser Beziehung als Beispiele genannt werden. Glotz und Langenbucher kamen zu dem Ergebnis, daß das deutsche Lesebuch „gemessen an den Forderungen, die man in einer durchrationalisierten, industrialisierten und demokratischen Gesellschaft an die Erziehung stellen muß – ein Anachronismus"[59] sei.

Zum obersten Ziel der Reformen wurde die Forderung nach Emanzipation erhoben[60]. Was darunter zu verstehen ist und welches Interesse verfolgt wird, ist von Lempert ausführlich dargestellt und erläutert worden:

„Das *emanzipatorische* Interesse ist das Interesse des Menschen an der Erweiterung und Erhaltung der Verfügung über sich selbst. Es zielt auf die Aufhebung und Abwehr irrationaler Herrschaft, auf die Befreiung von Zwängen aller Art. Zwingend wirkt nicht nur materielle Gewalt, sondern auch die Befangenheit in Vorurteilen und Ideologien. Diese Befangenheit läßt sich, wenn nicht völlig lösen, so doch vermindern, durch die Analyse ihrer Genese, durch Kritik und Selbstreflexion. Emanzipierende Kritik und Selbstreflexion sind produktive Leistungen: Emanzipierende Kritik setzt dem Kritisierten nicht einfach gleichsam mechanisch dessen totale Verneinung entgegen, sondern entwickelt aus seinem wahren Anspruch [. . .] zunächst die Negation seiner historischen Verkehrungen [. . .], daran anknüpfend aber einen neuen Entwurf. [. . .]

Damit Individuen kritisieren und reflektieren können, müssen bestimmte institutionelle Voraussetzungen erfüllt sein. Sie müssen als Kinder so erzogen werden, daß sie die sprachlichen Fähigkeiten erwerben, an deren Besitz Kritik und Selbstreflexion gebunden sind; und sie müssen Gelegenheit haben, frei miteinander zu verkehren."[61]

---

56 Vgl. Norbert Altenhofer u. a., Die Hessischen Rahmenrichtlinien für das Fach Deutsch in der wissenschaftlichen Diskussion. Kronberg: Scriptor 1974 = Scriptor Taschenbuch S 7.

57 Peter Glotz / Wolfgang R. Langenbucher, Versäumte Lektionen. Entwurf eines Lesebuches. Frankfurt: Fischer 1971 = Fischer Taschenbuch 1163.

58 Klaus Wagenbach (Hrsg.), Lesebuch. Deutsche Literatur der sechziger Jahre. Berlin: Wagenbach 1968 (veränderte Neuauflage 1972).

59 Peter Glotz / Wolfgang Langenbucher, Versäumte Lektionen. In: Helmers, Lesebuchdiskussion, S. 145.

60 Vgl. Klaus Mollenhauer, Erziehung und Emanzipation. Polemische Skizzen. München: Juventa ^{3}1970.

61 Wolfgang Lempert, Leistungsprinzip und Emanzipation. Frankfurt: Suhrkamp 1971 = edition suhrkamp 451, S. 318/319.

Übertragen auf den Unterricht im Fach Deutsch kann unter Berufung auf Dahrendorf formuliert werden: „Erziehung zur Emanzipation und Berücksichtigung der politischen Konsequenzen des Unterrichts in allen seinen Bereichen und besonders im sprachlich-literarischen bedeutet: Erziehung zur Bereitschaft und Fähigkeit, am literarischen Leben kritisch zu partizipieren mit dem Ziel, die Sozialisation schließlich in die eigene Hand nehmen zu können, die eigene Lage zu erkennen und über Strategien zu verfügen, diese zu verändern."[62] Hiermit wurden Forderungen laut, die für alle Beteiligten neu waren; sie durchzusetzen ist nicht leicht.

Benötigt wird ein Lesebuch, das unsere Gesellschaft in ihrer Wirklichkeit spiegelt, und zwar in ihrer **ganzen** Wirklichkeit mit allen Widersprüchen und Gegensätzen, ihrer Geschichte und politischen Gegenwart, weil Lesebücher „zugleich Testimonia der reichen und der fluchbeladenen Geschichte unserer Nation" sind. „Wer nicht nur fragen möchte, wie es eigentlich gewesen ist, wen vielmehr die Frage nicht ruhen läßt, wie es eigentlich gekommen sei und was die Zukunft uns verspreche, der erhält auch hier Antworten; immer lehrreiche, freilich nicht immer erwünschte."[63] Das Lesebuch der Gegenwart kann nur ein **Kritisches Lesebuch** sein.

3.1.2.1 Kritisches Lesebuch

Fragen ist schwerer als Schweigen – aber auch lehrreicher. Die ‚kritische' Konzeption geht davon aus, daß die Schülerhaltung nicht von passiver Hinnahme bestimmt wird, sondern von aktiver Mitarbeit und kritischem Engagement geprägt ist; deshalb müssen folgende Fragen immer wieder gestellt werden:

- Welchen Standort nimmt der Verfasser ein?
- Welchen Interessen entspricht er mit seinem Text, welche werden nicht berücksichtigt?
- Welche Intentionen verfolgt der Autor?
- An welchen Adressatenkreis wendet er sich?

Oder, um es mit Bertolt Brechts „Darstellung von Sätzen in einer neuen Enzyklopädie" auszudrücken:

1. Wem nützt der Satz?
2. Wem zu nützen gibt er vor?
3. Zu was fordert er auf?
4. Welche Praxis entspricht ihm?
5. Was für Sätze hat er zur Folge? Was für Sätze stützen ihn?
6. In welcher Lage wird er gesprochen? Von wem?[64]

Fragestellungen, die sich aus der Präferenz zur Ideologiekritik ergeben, sind notwendig, und damit ist schon zum Teil begründet, warum das Lesebuch „kritisch" sein muß. Die Entwicklung zur Kritikfähigkeit bedeutet nicht „Egalisierung, sondern Differenzierung, nicht Ideologisierung, sondern Fähigkeit zur Ideologie-

62 Malte Dahrendorf, Eine neue Lesebuch-Generation, S. 10.

63 Walther Killy, Zur Geschichte des deutschen Lesebuchs. In: Helmers, Lesebuchdiskussion, S. 355.

64 Bertolt Brecht, Gesammelte Werke Bd. 20. Frankfurt: Suhrkamp 1967 = werkausgabe edition suhrkamp, S. 174.

kritik"[65]. Hubert Ivo hat im Vorwort seiner programmatischen Schrift „Kritischer Deutschunterricht" (1969) darauf hingewiesen, daß das Wort ‚kritisch' im Zusammenhang mit dem Deutschunterricht nicht „als freundlicher Schnörkel" angesehen werden könne: „‚Kritischer Deutschunterricht' kann nur heißen, Schülern durch das Medium der Beschäftigung mit Sprache und Literatur zu helfen, sich selbst im Handlungszusammenhang gesellschaftlicher Vermittlungsprozesse zu verstehen. Das intendierte Selbstverständnis ist nicht zu gewinnen, wenn sich die Gedanken in diesem Unterricht in einer hehren Sphäre gesellschaftlicher Ideale und Werte, die der Sprache und Literatur angeblich ‚an sich' eigen sind, bewegen, wenn die Legitimation der aus ihnen abgeleiteten Normen nicht von ihren Bedingungen her problematisiert wird."[66] Kritik heißt Unterscheidungsvermögen, Scharfsinn, Prüfung. Ausschlaggebend für die Aufnahme von Texten in einem Kritischen Lesebuch sollte nicht die formale, ästhetische oder intellektuelle Qualität sein, sondern der Realitätsgehalt und die Bedeutung des Geschriebenen für den Schüler; dazu gehören inhaltlich kontroverse und formal unterschiedliche, aber auch provokative Texte. Der Leser muß die verschiedenen Argumente kennen, sie unterscheiden lernen, um sich selbst entscheiden zu können: Meinung und Gegenmeinung tragen zu einem eigenen und begründeten Urteil bei. Mündigkeit beweist – nach Adorno – derjenige, der für sich selbst gedacht hat und nicht nur nachredet. In diesem Sinn wird Kritik verstanden, d.h. als ein Begriff, durch den Demokratie definiert ist[67]. Ein kritisches Lesebuch darf sich nicht mehr als ein parteiliches Instrument der unreflektierten Anpassung an bestehende Strukturen verstehen – als ein Instrument klassenfixierender Privilegierung; es darf aber auch nicht einer rein technokratischen Integration das Wort reden, sondern es muß emanzipatorisch sein. Voraussetzung dafür ist ein geändertes Verhalten: Mißtrauen und Skepsis gegen ungeprüft vorgeführte Werte, ein Sensorium für die ideologischen Implikationen eines jeden Textes. Auf der Grundlage dieser gesellschaftspolitischen Einstellung kann der Schüler in die Lage versetzt werden

- Aufklärung über seine eigene Situation in der Gesellschaft zu erhalten,
- Bereitschaft und Fähigkeit zu entwickeln, aktiv am politischen und kulturellen Leben der Gegenwart teilzunehmen und sich in dieser Welt zurechtzufinden (seine eigene Sozialisation zu betreiben),
- Literatur als Freiheitsraum zu verstehen, bestehende Strukturen ‚kritisch' zu befragen und Alternativen für bekannte Verhältnisse aufzuzeigen,
- Literatur und Geschichte als Erweiterung eigener Erfahrungen kennenzulernen und zu akzeptieren,
- eigene Meinungen argumentativ zu vertreten und die Gegenmeinung zu tolerieren.

Nur so besteht die Möglichkeit, daß die demokratische Gesellschaft jene Menschen erhält, die sie zur Erhaltung und Verbesserung benötigt: selbständige, mündige, denkende, emanzipierte Bürger – citoyens.

65 Heinz Ludwig Arnold, Lesebuch der 70er Jahre, S. 88.

66 Hubert Ivo, Kritischer Deutschunterricht. Frankfurt: Diesterweg ³1971, S. 5.

67 Vgl. Ernst Goette / Jürgen-Wolfgang Goette, Vorwort. In: Kritisches Lesebuch, S. 6.

3.2 Das Lese- und Arbeitsbuch in der berufsbildenden Schule

Für das problemorientierte, die Wirklichkeit widerspiegelnde, Historisches berücksichtigende, aber auch die Realität der Gegenwart nicht verschweigende Lese- und Arbeitsbuch in der berufsbildenden Schule bedarf es eines solchen kritisch-emanzipatorischen Konzeptes, damit man nach der Lektüre neuerer Lesebücher „für Handels- und Berufsschulen" nicht zu der Erkenntnis von Anton J. Gail (1966) kommt, daß sie „mißleitet von einem Minderwertigkeitskomplex gegenüber den höheren Schulen klassischer Observanz" nichts anderes betrieben als „eine krause Mischung von technisch-industriellen Sachbüchern und arbeitsseliger Poesie"[68].

Dafür gelten allgemeine **Grundsätze**, die sich aus der Konzeption des „Kritischen Lesebuches"[69] ergeben und in den 3 Teilbereichen der berufsbildenden Schule Gültigkeit haben:

1. Erweiterter Literaturbegriff (Dichtung, Sachtext, Trivialliteratur, Abbildungen, Materialien),
2. Kontext (Entstehung, Rezeption und Wirkung),
3. Textauswahl (Versäumte Lektionen),
4. Aktualität und Realität (Informatorium der Wirklichkeit),
5. Binnenstruktur (Lehreinheiten),
6. Zusammenhang zwischen Abbildung und Text (Themeneinheit),
7. Arbeitshinweise (Fragen, Impulse),
8. Lesehinweise (Primär- und Sekundärliteratur).

1. Erweiterter Literaturbegriff (Dichtung, Sachtext, Materialien . . .)

Wenn der Deutschunterricht seiner gesellschaftlichen – demokratischen – Funktion gerecht werden will und wenn er sie bejaht, muß die Rolle der Literatur neu definiert werden, weil jeder Schulabgänger, auch wenn er nicht so viel Verständnis für **Dichtung** aufbringt, Fachliteratur, Verordnungen, Verträge, Geschäftsbriefe, Arbeitsanweisungen, Gesetze lesen können muß, um politische (wirtschaftliche), aber auch persönliche Entscheidungen legitimieren zu können[70]. „Texttypologische Einschränkungen wären widersinnig"[71], deshalb gehört, ohne daß man sie aussondert – zum Beispiel durch die Verbannung auf gefärbtes Papier im Anhang –

---

68 Anton J. Gail, Das Lesebuch – Ein „Informatorium" der Wirklichkeit? In: Helmers, Lesebuchdiskussion, S. 201; in der Lesebuch-Auseinandersetzung ist dies der einzige Satz, der sich auf das berufsbildende Schulwesen bezieht.

Zur Problematik des Lese- und Arbeitsbuches in der berufsbildenden Schule vgl. Ernst Goette, Das Lesebuch in der berufsbildenden Schule. In: Erziehungswissenschaft und Beruf 29 (1981), Heft 3, S. 277 ff.

69 Die wesentlichen Grundsätze wurden zur Konzeption des „Kritischen Lesebuches" erarbeitet: Vgl. Ernst Goette / Jürgen-Wolfgang Goette, Didaktisch-methodische Anmerkungen zum „Kritischen Lesebuch". In: Interpretationen für den kritischen Deutschunterricht. Rinteln: Merkur ⁴1980, S. 13–20 und Aspekte einer neuen Lesebuch-Konzeption. In: Erziehungswissenschaft und Beruf 22 (1974), Heft 4, S. 404–416.

70 Vgl. Arend Mihm, Sprachstatistische Kriterien zur Tauglichkeit von Lesebüchern. In: Geiger, Lesebuchdiskussion 1970–1975, S. 208.

71 Heinz Geiger / Jochen Vogt, Lesebuch für die Schülerschule. In: Geiger, Lesebuchdiskussion 1970–1975, S. 108.

jede Art Text[72] in dieses Lesebuch, den es hinsichtlich der Intention des Autors, der Bezogenheit auf den Adressaten, der angesprochenen oder verdeckten Normen und Ansprüche und der angewandten sprachlichen Mittel und Formen zu befragen gilt, um das ‚Lesen gegen den Strich'[73] wieder zu beleben. Es ist also notwendig, auch **aktuelle** Texte (Literatur, Materialien) zu behandeln, mit deren Inhalten und Formen der Schüler außerhalb des Unterrichts und der Schule täglich konfrontiert wird.

Ein nur an literarischen Formen klassischer Observanz orientierter Deutschunterricht führt auch häufig zu Verzeichnungen einzelner Schriftsteller. Vogt hat am Beispiel Heinrich Böll aufgezeigt, daß zwar heute in kaum einem Lesebuch ein Text von Böll fehlt, das Bild des Autors jedoch verfälscht wird, wenn man die Auswahl näher analysiert[74]. Sie beschränkt sich ganz auf den frühen Böll und seine Kurzgeschichten. Es fehlen die – wie Ludwig Marcuse sie genannt hat – Böllschen „Nebenbeis", die im Grunde die Hauptsachen sind. Marcuse verdeutlicht einleuchtend, daß es einmal lohnend wäre, zu untersuchen, „wieviel Nebenbeis der ‚Dichter' umfangreicher und mehr Kunst waren als vieles, was als ihr Eigentliches überliefert wird"[75]. Denn gerade in den Essays, Reden, Aufsätzen, Kritiken und Interviews wird Bölls Kritik konkret, wenn er die tatsächlichen Machtstrukturen in unserer Gesellschaft transparent werden läßt, zum Beispiel in dem „Brief an einen jungen Katholiken" und in dem „Brief an einen jungen Nichtkatholiken", oder „Ich gehöre keiner Gruppe an" und in seinen Schriften zur Zeit: „Einmischung erwünscht"[76].

Allerdings war und ist Literatur immer ein wesentlicher Bestandteil unserer Kultur und wird es aller Voraussicht nach auch bleiben. Es wäre verantwortungslos, die Schüler mit ihr allein zu lassen; denn viele von ihnen wollen lesen oder ins Theater gehen und tun es auch. Daher hat sich Christa Bürger mit vollem Recht gegen die Alternative „Bildzeitung" statt Goethes „Faust" gewandt[77]; sie kann nur ‚sowohl als auch' heißen, denn in der Literatur sieht sich der Mensch porträtiert, vor allem als sozial Handelnder, und zwar der „ganze Mensch, der leidende und hoffende, der beladene, der entwürdigte und unterdrückte, der Mensch mit all seinen Wunschvorstellungen und Gefühlsqualitäten: Zorn, Empörung, Mitleid, Liebe, Haß, Angst, Entfremdung, Anmaßung, Melancholie. Erfahrungen mit der Literatur schärfen den Möglichkeitssinn des Menschen, provozieren sein vorgreifendes Denken, seine Lust einzugreifen, klären ihn auf,

72 Vgl. auch die Forderung von Karl Garnerus, stärker nichtliterarische Texte zu integrieren. K.G., Behandlung von nichtliterarischen Texten im Deutschunterricht der Mittelstufe. In: Der Deutschunterricht 18 (1966), Heft 4, S. 83–101.

73 Vgl. Rolf Geißler, Kritische Bemerkungen zu einer verbreiteten Ansicht über die „Kind- und Jugendgemäßheit" von Lesestoffen. In: Helmers, Lesebuchdiskussion, S. 213.

74 Vgl. Jochen Vogt, Vom armen H.B., der unter die Literaturpädagogen gefallen ist. Eine Stichprobe. In: Heinrich Böll. München: Boorberg 1972 = Text und Kritik 33, S. 33f.

75 Ludwig Marcuse. Neben den Erzählungen. In: Marcel Reich-Ranicki (Hrsg.), In Sachen Böll. Ansichten und Einsichten. Köln: Kiepenheuer & Witsch 1968, S. 157.

76 Zur Behandlung politisch akzentuierter Texte im Deutschunterricht vgl. auch: Ernst Goette, Heinrich Böll. Das politische Engagement des Schriftstellers. In: Erziehungswissenschaft und Beruf 21 (1973), Heft 4; EWuB 22 (1974), Heft 1 und 3.

77 Vgl. Christa Bürger, Elemente zu einer kritischen Literaturdidaktik. In: Heinz Ide (Hrsg.), Tendenzen der Literaturdidaktik. Frankfurt: Diesterweg 1974 = Diskussion Deutsch Sonderband, S. 62.

indem er fremde Welten von der eigenen differenzieren kann, vermitteln ihm Geschichtssinn und utopische Perspektiven gleichermaßen"[78]. Dichtung ist konkrete Utopie und stellt damit das Bestehende jeweils in Frage. Ernst Bloch hat einleuchtend formuliert: „Die großen Kunstgebilde haben ihre Dauer und Größe gerade darin, daß sie voll Vor-Schein, voll utopischer Bedeutungsländer wirken."[79] Kunst distanziert und konfrontiert zugleich mit den bestehenden Verhältnissen: „Hier kann der Schüler die notwendige historische Dimension gewinnen, aus der sich ihm die vorgefundene Wirklichkeit als Realisation einer Möglichkeit zeigt, als eine veränderbare Wirklichkeit also."[80]

Literatur als „Erfahrung und Anregung für den frei entscheidenden, spontan handelnden, sich selbst bestimmenden Geist"[81] ermöglicht kritische Selbstverwirklichung. Daher ist das Plädoyer für die kritische Selbstverwirklichung immer auch ein Plädoyer **für** die Literatur[82]. Verlangt werden muß aber: „Präsentation von Offenheit statt von überlieferter Geschlossenheit; Veränderbarkeit und aktuell zu erweiternde Dokumentation statt Kanonisierung; Problematisierung statt der Übermittlung von Bildungsgütern; historische Relativierung literarischer Texte statt der Vermittlung von über der Zeit stehenden, für zeitlos gültig gehaltenen sogenannten Bildungswerten."[83]

2. Kontext (Entstehung, Rezeption und Wirkung)

Die einfache Wiedergabe literarischer (und nichtliterarischer) Texte – eine Anthologie – reicht nicht aus.

Jeder Text hat einen Bezug zur Zeit seiner Entstehung und zur Zeit seiner Rezeption. Verstehen vollzieht sich durch Kommunikation zwischen diesen beiden Bereichen. Jeder Autor gehört einer bestimmten Gesellschaftsschicht an, hat einen Standort und strebt eine gewisse Intention an. Es ist daher wichtig, nach den erkenntnisleitenden Interessen zu fragen; dafür ist es unerläßlich, daß zu jedem Text Hinweise auf die Zeit der Text-Entstehung, auf die Biographie des Autors, auf seine persönlichen und gesellschaftlichen Voraussetzungen, Informationen zum Publikum und zur Form-Tradition gegeben werden. „Jeder Text weist über sich selbst hinaus – auf andere Texte, mit denen er durch Ähnlichkeiten in Struktur und Gehalt zu einer Gruppe verbunden wird [. . .] auf Texte, die jenseits bloßer Zeitgenossenschaft in Entstehung und Wirkung eine historisch zu verstehende Einheit bilden oder, die Sphäre des Literarischen überschreitend, auf die außerliterarische Realität, die ihn beeinflußt hat oder auf die er seinerseits Einfluß ausübt"[84]; diesen didaktischen Zusammenhang gilt es zu nutzen, entsprechend aufzuzeigen und auszuwerten.

---

78 Rolf Eigenwald, Aus erhabener Warte. Walther Killy und der Deutschunterricht. In: Diskussion Deutsch (1973), Heft 13, S. 270.

79 Ernst Bloch, Tübinger Einleitung in die Philosophie Bd. 1. Frankfurt: Suhrkamp 1963 = edition suhrkamp 11, S. 135.

80 Dieter Mayer, Literaturunterricht auf der Sekundarstufe II. In: Diskussion Deutsch 5 (1974), S. 112.

81 Heinz Ludwig Arnold, Lesebuch der 70er Jahre, S. 106.

82 Vgl. Heinz Ludwig Arnold, Lesebuch der 70er Jahre, S. 106.

83 Heinz Ludwig Arnold, Lesebuch der 70er Jahre, S. 80.

84 Alfred Clemens Baumgärtner, Literaturunterricht mit dem Lesebuch. 30 didaktische Modelle. Bochum: Kamp 1974 = Kamps pädagogische Taschenbücher 65/66, S. 20/21.

3. Textauswahl (Versäumte Lektionen)

Die einseitige Parteilichkeit alter Lesebücher zugunsten der kritiklosen Hinnahme bestehender Verhältnisse durch die Verklärung realitätsferner Dinge muß vermieden werden. ‚Versäumte Lektionen' wenden sich gegen die „Idylle" als die Wirklichkeit verschleiernde Form, gegen „Traumwelt und Geistesdämmerung", gegen „Erziehung zu wirklichkeitsfremdem Tiefsinn" und setzen der „Zauberkiste des Irrationalismus" eine „aufklärerische Weltorientierung" entgegen[85]. Und Deutschland hat eine reiche aufklärerische Tradition, die es gilt, aus ihrer Vergessenheit hervorzuholen und an sie zu erinnern: Ulrich Bräker, Georg Forster, Ludwig Börne, Adolf Glassbrenner, Georg Weerth, Heinrich Heine, Heinrich Mann, Alfred Döblin, Erich Kästner, Kurt Tucholsky sollen stellvertretend genannt sein. Kennzeichen der aufklärerischen Literatur ist, daß sie entmythologisiert, daß sie keine Größen und Werte als absolut gültige anerkennt. „Immer wieder muß deutlich werden", so fordert Karl Otto Conrady, „daß aufklärendes Denken und Schreiben dort einsetzt und einzusetzen hat, wo Mächte, Werte, Gehalte zu absoluten Größen erhöht werden, die den oder das Glauben beanspruchen, in Wahrheit aber vor einer frei prüfenden und forschenden Selbst- und Welterkenntnis aus dem Geiste redlicher und unbeirrbarer Rationalität nicht bestehen können"[86]. Durch die Aufklärung über vermeintliche Größen erhält der Schüler einen Freiraum, den er nach neuen – dem kritischen Impetus gemäßen – Vorstellungen, adäquat im Sinn des emanzipatorischen Lernzieles, ausfüllen kann.

Die Textauswahl hat sich daran zu orientieren, ob die Fähigkeit zur Informationsentnahme und Informationsprüfung gefördert wird, ob Kommunikationszusammenhänge verdeutlicht werden, ob die Lebenssituation des einzelnen durchschaubarer wird, ob Anregungen zu alternativem Denken und Handeln geboten werden[87]. Und schließlich darf sich das Lesebuch selbst nicht so ernst nehmen; es darf ebenso in Frage gestellt werden, oder – um es noch einmal mit Erich Kästner auszudrücken: „Mißtraut gelegentlich euren Schulbüchern! Sie sind nicht auf dem Berge Sinai entstanden, meistens nicht einmal auf verständige Art und Weise, sondern aus alten Schulbüchern, die aus alten Schulbüchern entstanden sind, die aus alten Schulbüchern entstanden sind, die aus alten Schulbüchern entstanden sind."[88]

Ein Kritisches Lesebuch würde sich selbst ad absurdum führen und seinen eigenen Intentionen im Wege stehen, wenn es nicht selbst kritisch rezipiert werden könnte[89]; ein Absolutheitsanspruch wird nicht erhoben!

---

85 Vgl. Volker Glotz / Wolfgang Langenbucher, Versäumte Lektionen. In: Helmers, Lesebuchdiskussion, S. 149/150.

86 Karl Otto Conrady, Nicht zu versäumende Lektionen. Erfreuliches zum Thema „Deutsches Lesebuch". In: Die Zeit, Nr. 48 vom 26. 11. 1965.

87 Vgl. Siegfried Buck / Wenzel Wolff, Das Grundschullesebuch als lernzielorientiertes Arbeitsbuch. In: Geiger, Lesebuchdiskussion 1970–1975, S. 276 f.

88 Erich Kästner, Ansprache zum Schulbeginn. In: E. K., Gesammelte Schriften für Erwachsene Bd. 7. München: Droemer 1969, S. 182.

89 Vgl. Malte Dahrendorf, Eine neue Lesebuch-Generation, S. 17.

4. Aktualität und Realität (Informatorium der Wirklichkeit)

„Deutschland ein Agrarmärchen, in dem Fischer fischen, Hufschmiede schmieden und Bauern mit der Hand das Korn in die Scholle streuen, eingehüllt in die Trachten und unter Absingen von Volksliedern"[90] – so beschreibt Krockow kritisch die „Wirklichkeit" in unseren alten Lesebüchern. Markefka/Nauck haben in ihrer Untersuchung festgestellt, daß die in den Lesebüchern vorkommenden Berufe nicht unsere Arbeitswelt repräsentieren, sondern „überholten wirtschaftlichen und sozialstrukturellen Gegebenheiten" entsprechen[91]. „Emotionalisierung statt Erkenntnisförderung, Moralisierung statt Rationalisierung, Normierung und Anpassung statt Weckung kritischer Intelligenz: das ist das Fazit, das man hinsichtlich der Darstellungen von Arbeits- und Berufswelt in den hierzulande gängigen Lesebüchern ziehen muß."[92] „Es ist doch kein Zufall" schreibt Gail mit Recht, daß „Namen wie Waggerl, Carossa, Wiechert und viele andere damals in den Deutschunterricht und in das Lesebuch einzudringen beginnen, daß aber die Arbeitswelt, wenn überhaupt, nur als Gegenbild oder in Form altväterlicher Handwerksseligkeit gespiegelt"[93] wird, so daß man Arnold zustimmen muß, wenn er die „Mystifikation", die mit der Arbeit in den Lesebüchern getrieben wird, als „perfekt" bezeichnet: „statt den Menschen in seiner konkreten Abhängigkeit zu zeigen, werden die Gegenstände anthropomorphisiert: da gibt es ‚seufzende Eisen', da ‚hungern die Öfen', und schließlich wird der ganze Arbeitsgang zu einer sakralen Handlung hochstilisiert [. . .]"[94]. Die große Mehrzahl der Bevölkerung ist Arbeitnehmer, in der Industrie, im Handel, im Handwerk, im Büro. Die Schüler werden mit dieser Arbeitswelt konfrontiert – durch ihre Eltern, Freunde, Verwandte, durch zeitweilige Arbeit in den Betrieben, durch eigene Berufsausbildung, durch die Aussicht ihres Lebensweges, durch die Umwelt. Arbeit ist nicht, wie uns die konservativen Lesebücher weismachen wollten, ein „Fluch", sondern ein den Menschen erst konstituierendes Element, daher darf von allen möglichen „Räumen des Lebens" ein sehr wichtiger – der soziale – nicht fehlen[95]. Über die Bedingungen der Arbeit und die sozialen Konflikte gibt es verschiedene, auch kontroverse Ansichten; sie müssen sich in einem Lesebuch der Gegenwart widerspiegeln, damit die Kluft zwischen Schule und Arbeitswelt nicht immer größer wird[96]. Deshalb ist auch die Alternative „Mondnacht oder Sozialpaket" (Horst Wetterling) falsch; ebenso geht es weder darum, die Unternehmer als „Verbrecher" hinzustellen, weil sich ihr „Hauptinteresse auf Profitmaximierung"

---

90 Christian von Krockow, Sozialwissenschaften. Lehrerbildung und Schule. Opladen 1969, S. 37.

91 Manfred Markefka/Bernhard Nauck, Zwischen Literatur und Wirklichkeit. Zur Kritik der Literaturdidaktik. Neuwied: Luchterhand 1972, S. 89; im 5. Kapitel werden eindrucksvoll die nicht repräsentativen Berufsstrukturen in deutschen Lesebüchern nachgewiesen (S. 87–118); vgl. dazu auch die Rezension in: EWuB 21 (1973), Heft 3, S. 317 f.

92 Heinz Ludwig Arnold, Lesebuch der 70er Jahre, S. 51.

93 Anton J. Gail, Lesebuch – „Informatorium"? In: Helmers, Lesebuchdiskussion, S. 194.

94 Heinz Ludwig Arnold, Lesebuch der 70er Jahre, S. 49.

95 Robert Minder, Soziologie. In: Helmers, Lesebuchdiskussion, S. 10. Zur Kritik an der Darstellung der Arbeitswelt im Lesebuch für Gymnasien vgl. auch: Rudolf Wenzel, Wie neu sind die neuen Lesebücher? Lesebuchkritik II für das Gymnasium. In: Bestandsaufnahme DU, S. 51–68.

96 Vgl. Karlheinz Rebel, Die industrielle Arbeitswelt in den deutschen Lesebüchern der gymnasialen Oberstufe. In: Helmers, Lesebuchdiskussion, S. 115.

richtet[97], noch die Gewerkschaften zu glorifizieren; aber natürliche Gegensätze, die einer antagonistischen Gesellschaftsordnung inhärent sind, zu verschleiern, anstatt sie anzusprechen, damit sich der Schüler mit ihnen auseinandersetzen kann, wäre verantwortungslos und unrealistisch. Der Schüler muß Gelegenheit haben, über seine Berufssituation zu reflektieren, und „‚Berufssituation' meint den gesellschaftlichen Ort von Arbeit und ihre Abhängigkeit im politischen wie auch technisch-industriellen System; meint im weiten Sinne also auch die Rolle des Menschen in einem in sich immer kompakter und abhängiger, d.h. also auch anfälliger werdenden System, in dem der einzelne seine Funktion nur noch in bezug auf den Gesamtablauf zu haben scheint [...]"[98]; darum bietet sich die Arbeiterliteratur[99] an, diesen Bereich des Daseins zu veranschaulichen. Durch die Beschäftigung mit ihr kann der Jugendliche – vor allem der Haupt- und Berufsschüler – eine selbständige Haltung gegenüber seiner jetzigen Situation gewinnen, seine Klassenzugehörigkeit erkennen, den Stellenwert der Sprache und Literatur in der Auseinandersetzung der gesellschaftlichen Klassen ermitteln. Wie umstritten und gegensätzlich die Positionen sind, zeigen Veröffentlichungen der jeweiligen Interessenvertreter[100]. Weitere bedeutende Themenkreise für Unterrichtseinheiten sind: „Jugend und Sozialisation", „Schule und Erziehung (Deutschunterricht)", „Emanzipation", „Umwelt", „Freizeit (Sport)", „Massenmedien", „Werbung", „Vorurteile", „Sprache und Kommunikation", „Frieden, Krieg, Verfolgung, Widerstand", „Technik und Industrie", „Verkehr", „Stadt und Natur"[101]. Leitende Gesichtspunkte sind immer die Verhältnisse und Beziehungen zwischen Macht und Herrschaft, Anpassung und Widerstand, Kommunikation und Isolation.

So wichtig und bedeutungsvoll die Aufarbeitung der Gegenwart und die Vorbereitung auf die Zukunft ist, ‚Aktualität' darf nicht in dem Sinn mißverstanden werden, daß sie auf Kosten des Geschichtlichen erfolgt. „Der Literaturunterricht muß auch Verhaltensmuster aus ganz unterschiedlichen Epochen zur Diskussion stellen. Der Pädagoge wird weniger abhängig von den ständig wechselnden Veränderungstrends der Gegenwart, wenn er diese im historischen Kontext bewertet."[102] Ausdrücklich sei aber auch noch einmal betont, daß das Lesebuch für den Deutschunterricht **kein** Ersatz für Geschichte, Gemeinschaftskunde, Sozialkunde, Betriebswirtschaft – also ein Sachbuch jedweder Art – ist; sein genuiner Charakter muß erhalten bleiben!

---

97 Rudolf Willeke, Die Arbeits- und Wirtschaftswelt in emanzipatorischen Schulbüchern. In: Wirtschaft und Erziehung (1976), Heft 9, S. 257.

98 Heinz Ludwig Arnold, Lesebuch der 70er Jahre, S. 44.

99 Einen Beweis, daß man Arbeiterliteratur auch sachlich zusammenstellen und kommentieren kann, hat Jürgen-Wolfgang Goette geliefert: J.-W. G., Arbeiterliteratur. Texte zur Theorie und Praxis. Frankfurt: Diesterweg 1975; Arbeiterliteratur 2. Texte vom Vormärz bis zur Gegenwart. Frankfurt: Diesterweg 1977 = Texte und Materialien zum Literaturunterricht.

100 Vgl. z.B. die Untersuchung des Instituts der deutschen Wirtschaft: Klaus-U. Ebmeyer, Szenen aus der Arbeitswelt. Erfahrungen mit deutschen Lesebüchern. Köln: Deutscher Instituts-Verlag 1978, in der es im Vorwort (S. 6) heißt: „Die stürmische Entwicklung der Bildungspolitik seit den sechziger Jahren und insbesondere die Folgen der **Emanzipationspädagogik** [Hervorhebung d.V.] zu Beginn der siebziger Jahre haben Inhalt und Gesicht vieler Schulbücher total verändert. Manches Triviale und Progressistische wurde als schulbuchwürdig erachtet, wenn es nur gesellschaftsändernden Intentionen Rechnung trug."

101 Diese Lehreinheiten werden in den Lese- und Arbeitsbüchern für berufsbildende Schulen „Gesellschaft – Literatur – Beruf" und „Kritisches Lesebuch" (Rinteln: Merkur) zur Diskussion gestellt.

102 Werner Klose, Drucksachen – Drecksachen. In: Geiger, Lesebuchdiskussion 1970–1975, S. 365.

5 Goette – ISBN 3-8120-0342-2

5. *Binnenstruktur (Lehreinheiten)*

Das Lesebuch darf kein Sammelsurium, kein Mixtum compositum von ‚klassischem' Anspruch und stofflichem Allotria (Nietzsche) verschiedener Texte sein, deren anordnendes Prinzip die Beliebigkeit ist, keine Anthologie literarischer Formen, sondern ein **Arbeits**buch, in dem Texte zu bestimmten Lehreinheiten (Unterrichtseinheiten) zusammengestellt sind. Baumgärtner hat mit Recht betont, daß nicht nur die Auswahl, sondern auch die Anordnung literaturpädagogisch relevant ist[103]. Dahrendorf schlägt als Anordnungsprinzip die Gruppierung der Texte um Kristallisationszentren vor, die sozial relevante Problemfelder thematisieren: „Wenn Texte Spiegelungen *von* und Auseinandersetzungen *mit* Wirklichkeit sind, so ist ihre Anordnung je nach Wirklichkeits-Ausschnitt, auf den sie sich beziehen, nur konsequent."[104]

Diese Lehrgänge müssen zwei Prinzipien gehorchen: dem der Konfrontation und dem der didaktischen Zuspitzung. Die Konfrontation verschiedener gegensätzlicher Texte – inhaltlich und formal – vermag die Leser dazu zu motivieren, die jeweiligen Standorte zu bestimmen und nach den Ursachen der Unterschiede zu fragen. Die heutige Wissenschaft hat deutlich gemacht, daß es ‚Objektivität' nicht geben kann[105]. Die alten Lesebücher deklarierten sich oft als objektiv und unpolitisch und waren doch deutlich konservativ und reaktionär. Die Standortgebundenheit allen Denkens zu gestehen, erfordert die Redlichkeit. Das Problem beginnt dort, wo man sich – zum Beispiel als Herausgeber eines Lesebuchs – entscheiden muß, welche Prinzipien der Auswahl zugrunde gelegt werden sollen. Woran soll sich der Herausgeber orientieren? Sind die Texte, die miteinander in dem kritischen Lesebuch konfrontiert werden, gleichwertig? Sollen sich die Schüler das ihnen am besten Erscheinende aus dem ‚Gemischtwarenladen' besorgen? Wenn Neills Vorstellungen von antiautoritärer Erziehung neben Hitlers ‚Pädagogik' gestellt werden, Schneiders Kritik an der ‚Bildzeitung' neben eine Apologie von Springer, Weerths „Lehrling" neben ‚moderne' Leitsätze zur Lehrlingsausbildung, beantwortet sich die Frage von selbst. Der Schüler lernt durch die Konfrontation wichtige von unwichtigen Informationen, richtige von falschen Erkenntnissen, befreiende von lähmenden Gedanken zu unterscheiden. Die Sequenzen sind als Vorschläge aufzufassen, „bestimmte Zusammenhänge zwischen Texten herzustellen, etwa zwischen dem Normanspruch des einen und der kritischen Infragestellung derselben Normen durch einen anderen Text"[106]. Die Aufgabe der Schulung des kritischen Denkens muß von der Wissenschaft der Didaktik, der Pädagogik und der Sozialwissenschaft gemeinsam geleistet werden; damit kann einer vorschnellen und unkritischen Indoktrination entgegengewirkt werden.

---

103 Vgl. Alfred C. Baumgärtner, Literaturunterricht mit dem Lesebuch, S. 29.

104 Malte Dahrendorf, Eine neue Lesebuch-Generation, S. 12.

105 Vgl. Hans-Georg Gadamer, Wahrheit und Methode. Grundzüge einer philosophischen Hermeneutik. Tübingen: Mohr ^{2}1965.

106 Malte Dahrendorf, Eine neue Lesebuch-Generation, S. 17.

6. Zusammenhang zwischen Abbildung und Text (Themeneinheit)

Die Funktion der Abbildung in Lesebüchern ist in der didaktischen Diskussion weniger beachtet worden und in bisherigen Konzeptionen nicht ausreichend genutzt: In der Vergangenheit wurden – meistens an beliebiger Stelle – technisch immer wertvollere und anspruchsvollere Reproduktionen ins Lesebuch aufgenommen, um die ‚Attraktivität' des Buches zu erhöhen, oder es wurden abstrakte Zeichnungen, die keiner (auch der Erwachsene) ohne Hinweise versteht, auf eine noch zur Verfügung stehende Seite abgedruckt. Daß Bilder selbst eine Art „Text" darstellen können[107], daß zwischen Text oder Themenkomplex und Bild ein Zusammenhang hergestellt werden kann, wurde außer acht gelassen. Dabei kann es sehr ergiebig, lehrreich und hilfreich sein, im Unterricht zu analysieren, wie ein Thema in der Literatur und in der bildenden Kunst dargestellt ist, welche unterschiedlichen Auffassungen oder auch Gemeinsamkeiten sich feststellen lassen. Auch hier können Parallelen aufgezeigt werden; und dem oft erhobenen Postulat der Polyvalenz wird einmal Genüge getan.

Durch die Gegenüberstellung von Gestalten der Kunst und Literatur kann das angesprochene Problem veranschaulicht und vertieft werden, und zugleich können die unterschiedlichen Arbeits- und Funktionsweisen verdeutlicht werden.

Ebenso wie bei der Literatur muß der Begriff der Abbildung extensiv gefaßt sein: das Ölgemälde, das Foto, die Zeichnung, die Lithographie, die Radierung, die Karikatur, das Plakat, die Plastik, die Grafik, die Statistik, die Titelseite von Illustrierten gehört dazu. Zur Diskussion und Herausforderung der Kritik sind Karikaturen, politische Plakate oder Anzeigen eher und effizienter anregend als anspruchsvolle „unvergängliche" Kunstwerke, die zwar ebensowenig fehlen sollen, aber in ihrem Ausschließlichkeitsanspruch reduziert werden müssen.

7. Arbeitshinweise (Fragen, Impulse)

Welche Funktionen können Arbeitshinweise im Lesebuch haben? Tragen sie zum besseren Verständnis eines Textes und zur Erweiterung des geistigen Horizontes bei, oder engen sie den freien Spielraum des Lesers wieder ein? Fragen, Anregungen zur Diskussion, Arbeitshinweise, Impulse haben ihren Sinn im Zusammenhang mit den Lehreinheiten. Sie können dazu verhelfen, die angestrebten Lernziele zu erreichen. Darüber hinaus halten sie die Struktur einer Lehreinheit durch Fragen zum Vergleich und Aufzeigen von Parallelen zusammen und vervollständigen insgesamt die Binnenstruktur. Den Schülern wird **eine** Möglichkeit, Zugang zu den Texten zu gewinnen, eröffnet, ohne daß der Lehrer eingreift. Arbeitshinweise vermögen vielleicht Hilfestellung zu leisten bei der Suche nach dem „richtigen Schluß" („Verehrtes Publikum, los, such dir selbst den Schluß!/Es muß ein guter da sein, muß, muß, muß!"[108]).

Bei der Formulierung von Aufgabenstellungen zur Textarbeit müssen mehrere Fehler vermieden bzw. einige Prinzipien berücksichtigt werden: das Ersetzen der ‚Gängelung' durch das Lesebuch; die Ausweitung des Fragenkatalogs zu einem exzessiven Lehrgang; die Programmierung von Interpretationsprozessen[109]; die

107 Vgl. Gisela Warnke, Lesebuch und Bild; Ursula Heise, Das Bild im Lesebuch. Überblick über die Arbeitsmöglichkeiten. In: Der Deutschunterricht 20 (1968), Heft 6, S. 63–88; S. 106–115.

108 Bertolt Brecht, Gesammelte Werke Bd. 4, S. 1607.

109 Vgl. Malte Dahrendorf, Eine neue Lesebuch-Generation, S. 14.

Reihenfolge der Fragen (Motivation oder Klärung von Sachverhalten am Anfang oder zum Schluß?); Einhalten oder Variation eines Rezeptionsmodells; weite und offene Fragen, keine Suggestivfragen; Berücksichtigung des kognitiven und affektiven Bereichs; Überforderung und Unterforderung; Ansprechen eines bestimmten Adressatenkreises; Aufforderung zu kreativen Leistungen. Die Formulierung der Arbeitshinweise bedarf der ständigen Revision, der Mithilfe durch den Schüler, denn der ist nicht aus der Verantwortung zu entlassen, selbst auch Fragen – neue, ergänzende, weiterführende – zu formulieren, zu stellen und die angebotenen kritisch zu betrachten. Arbeitshinweise sind als Vorschläge zu verstehen; sie sollen Impulse geben, provozieren, auf wichtige Probleme, eventuelle Parallelen, aufmerksam machen, zur selbständigen Arbeit verhelfen, anregen und aufregen! (Wenn sich die Beantwortung in Gruppenarbeit anbietet, kann auf diese methodische Variante hingewiesen werden.)

8. Lesehinweise (Primär- und Sekundärliteratur)

Jedem Text oder Themenkreis werden ergänzende Lesehinweise hinzugefügt, damit der Leser Anregungen erhält, sich weiter und intensiver mit den angesprochenen Problemen zu beschäftigen. In den Bibliotheken und dem großen Angebot auf dem Büchermarkt kann sich der Schüler ohne Orientierungshilfe kaum zurechtfinden. Bei den Angaben zur Lektüre kann es sich um weitere Veröffentlichungen des Autors, Biographisches oder um Texte und Materialien zum Problemkreis handeln. Dabei muß darauf geachtet werden, möglichst leicht zugängliche Ausgaben, neuere Veröffentlichungen und preiswerte Ausgaben (Taschenbücher) anzugeben. Für einen zur Selbständigkeit erziehenden Arbeitsunterricht ist es unentbehrlich, daß sich der Schüler mit Materialien zum Autor, zur Zeit und zum Werk auseinandersetzt. Erwachsene (Lehrer) beschäftigen sich auch mit der Sekundärliteratur; außerdem besteht so die Möglichkeit, einem einseitig orientierten (subjektiven) Unterricht entgegenzuwirken. Das Buch als Hauptmedium des Deutschunterrichts, die Bibliothek, die Buchhandlung werden auf diese Weise dem Schüler vertraut; er kann sich zum „lesenden Arbeiter" entwickeln und leichter zu der Einsicht gelangen, „daß Texte nicht ‚vom Himmel fallen' und naturwüchsig ‚da' sind, sondern von Autoren produziert werden, daß sie intentional auf ein Publikum bezogen, also ‚Kommunikation' sind"[110].

Ein nach diesen Grundsätzen konzipiertes Lese- und Arbeitsbuch kann nur ein kritisches, an den Problemen der Gegenwart (Realität) orientiertes Lesebuch sein – und das ist für die berufsbildende Schule der Gegenwart zu fordern –, in dem es nicht nur um „Stilfragen", „lebendige Ausdrucksweise", literarische Gattungen und den Vortrag von Versen[111] geht, sondern um den Inhalt, die angemessene Berücksichtigung der Historie und eine realitätsbezogene Darstellung der Gegenwart, um *alle* literarischen und nichtliterarischen Formen. Deutschbücher in der Berufsschule mit der Aufforderung „‚Schreibe klar!, Schreibe flüssig!, Schreibe schlicht!'"[112] genügen nicht!

---

110 Malte Dahrendorf, Eine neue Lesebuch-Generation, S. 14.

111 Vgl. Konrad Wünsche, Literarische Bildung? In: Geiger, Lesebuchdiskussion 1970–1975, S. 119.

112 Vgl. Harry Neß, Bedingungen einer der Teilzeitberufsschule angemessenen Stillehre. In: DD (1980), Heft 55, S. 553.

3.2.1 *Das Lehrbuch in der berufsbildenden Schule – Teilbereich I*

Vor allem im Teilbereich I ist aufgrund der dargestellten organisatorischen Strukturen, des in seiner Zusammensetzung heterogenen Adressatenkreises und der Inhalte des Deutschunterrichts – Orientierung in Gesellschaft und Beruf, bei der die Literatur im historischen, sozialen oder psychologischen Kontext zum Vorschein gebracht werden muß, damit sie „relativierbar wird, gereinigt vom idealistischen Gewölk ewiger Wertigkeit" und zu einem „Demonstrationsobjekt ihrer sozialen Funktion" werden kann[113] – das traditionelle Lesebuch nicht zu vertreten. Der „soziale Wert" des Deutschunterrichts wurde in alten Methodiken zum Deutschunterricht an Wirtschaftsschulen zwar erkannt, daß er aber nicht in die Praxis umgesetzt wurde, verwundert nicht, wenn man liest, was darunter verstanden wurde: „Es ist hier wie in anderen Schulen eine der schönsten Aufgaben, die Liebe zur Muttersprache und die ‚Achtung vor dem Wort' jenen jungen Menschen einzupflanzen, die im Berufsleben nicht mehr so leicht diese geistigen Bereiche betreten können."[114]

Da in der Berufsschule wöchentlich nur **eine** Stunde Deutsch für 1 oder 2 Jahre zur Verfügung steht (in manchen Fachrichtungen kommt ein 3. Jahr hinzu), ist es wichtiger, Bedeutung und Funktion der Zusammenhänge des Kommunikationsprozesses zu verdeutlichen, die Sprachkompetenz zu fördern, das dazugehörende notwendige Regelsystem aufzuzeigen – nicht, um den Schülern ‚Achtung einzupflanzen', sondern um sie zu befähigen, sich sachgerecht am Kommunikationsprozeß zu beteiligen. Durch ihre gesellschaftliche Stellung erfahren sie bereits, daß die Sprache ein wichtiges Mittel ist, um sich behaupten zu können. Daher gilt es, ihnen die Sprache zugänglich zu machen, d.h. Sachgebiete der Grammatik und der Sprachlehre in das Lesebuch zu integrieren. Die Einführung eines alle Gebiete der Grammatik umfassenden Sprachbuches – allein oder neben einem Lesebuch – ist didaktisch bei den anthropogenen Voraussetzungen der Schüler und unter Berücksichtigung des Zeitaspekts nicht begründbar.

Die in der Vergangenheit beliebte und oft, weil durch das Lehrbuch programmiert, praktizierte Deutschstunde in der Berufsschule, die mit dem Ausfüllen eines Lückentests bestritten wurde, um am Ende (mehr oder weniger) zufrieden festzustellen, wie notwendig diese Übung doch gewesen sei, weil noch so viele Fehler gemacht wurden, gehört in die Vergangenheit, oder besser: Vergessenheit! Die Absurdität dieser Veranstaltungen hat mehrere Gründe: es ist ohnehin nicht zu erreichen, jungen Menschen im Berufsschulalter die Orthographie (nachträglich) erfolgreich vermitteln zu wollen – vor allem die ‚Besonderheiten' (um nicht Spitzfindigkeiten zu sagen); die Zeit reicht nicht aus, von der Bereitschaft der Betroffenen ganz zu schweigen. Da aber bestimmte Sprachformen im Berufsleben verwandt werden, ist Helmers zuzustimmen, wenn er sagt, „wer z.B. die Rechtschreibung nicht beherrscht, wird (obwohl man viele gute Gründe gegen die deutsche Orthographie vorbringen kann) im Berufsleben disqualifiziert"[115]. Die

---

113 Heinz Ludwig Arnold, Lesebuch der 70er Jahre, S. 96.

114 Heinrich Lübbemeyer, Methodik des Deutschunterrichts an Wirtschaftsschulen. Darmstadt: Winklers ²1964, S. 6.

115 Hermann Helmers, Schwärmerei oder Aufklärung? Zur politischen Funktion des Literaturunterrichts. In: Diskussion Deutsch (1971), Heft 6, S. 299.

Alternative kann nur darin liegen, die Orthographie nicht als Selbstzweck anzusehen, sondern die Schüler zum – selbstverständlichen – Gebrauch des Dudens aufzufordern und anzuleiten, um Schwieriges oder Unklares nachzuschlagen. Folgende Schwerpunkte erscheinen sinnvoll, die nach dem Prinzip der immanenten Wiederholung an entsprechenden Beispielen in Verbindung mit Übungen aufgegriffen werden müssen:

Orthographie (1. Groß- und Kleinschreibung; 2. Zusammen- oder Getrenntschreibung; 3. Daß oder das; 4. Straßennamen; 5. Fremdwörter [berufsartenspezifisch]),

Schriftverkehr (Bewerbung, Lebenslauf, Geschäftsbrief, Bericht, Protokoll),

Zeichensetzung (Aufzählung, Apposition, Satzreihe, Satzverbindung, Satzgefüge, Vollständige Nebensätze, Unvollständige Nebensätze),

Satzlehre (Satzarten, Satzteile),

Wortarten (Deklination, Konjugation, Wortfeld),

Erörterung (Gliederung, Argumentation),

Kommunikation (Gespräch, Diskussion, Referat),

Textanalyse (Inhaltsangabe, Interpretation).

Der Deutschunterricht in der Berufsschule hat es aber **auch** mit Literatur zu tun; auf die Gefahren der Verbannung der Literatur aus unseren Klassenzimmern hat Glaser recht eindrucksvoll-provokatorisch aufmerksam gemacht: „Endlösung für die Literatur. Sie schreiben falsches Deutsch. Sie lesen keine Bücher ... Die Illiteraten kommen ... Vom praktischen Umgang mit Literatur blieb an Schulen häufig nur die Praxis übrig, die Literatur aber auf der Strecke."[116] Die Literatur darf im Lesebuch auch nicht nur durch die Kurzgeschichte repräsentiert sein. Die anderen Formen gehören ebenso zur literarischen Kultur und sind zu berücksichtigen. Der Roman (Romanauszug), das Drama (Szene), die Fabel, Parabel, das Märchen und die Lyrik müssen in der Berufsschule ebenso angesprochen werden; wichtig ist der Bezug zu einer Lehreinheit (Sequenz). Welche Möglichkeiten es gibt, zeigen Lesebücher neuerer Konzeption[117]. Geiger und Vogt haben mit Recht gesagt, daß Vorbedingung eines derart gedachten Lesebuchs „Stoffreduktion, die *‚Entschlossenheit, vieles auszulassen'*"[118] sein müsse, und sie können sich dabei auf Walter Benjamin berufen.

Sowohl die Auswahl der Unterrichtseinheiten als auch der Beispiele sollte den derzeitigen und zukünftig zu erwartenden Lebenssituationen der Schüler (Schul-, Arbeits- und Berufswelt) entgegenkommen, denn ein „Essential", ohne dessen Einbezug die „vollständige Dignität eines Textes nicht erreicht wird", darf nicht in

---

116 Albert Glaser, Endlösung für die Literatur. Zur Austreibung von Romanen und Gedichten aus Klassenzimmern und Hörsälen. In: Die Zeit, Nr. 5 vom 25.01.1980, S. 37.

117 drucksachen (Stuttgart: Metzler); Gesellschaft–Literatur–Beruf (Rinteln: Merkur); Kritisches Lesebuch (Rinteln: Merkur); Kritisches Lesen (Frankfurt: Diesterweg); projekt deutschunterricht (Stuttgart: Metzler); Schwann Arbeitsbuch Literatur (Düsseldorf: Schwann); TS (Hannover: Schroedel); Wirklichkeiten (Paderborn: Schöningh).

118 Heinz Geiger/Jochen Vogt, Lesebuch für die Schülerschule. In: Geiger, Lesebuchdiskussion 1970–1975, S. 100.

Vergessenheit geraten: der Leser[119]. Das kann und soll aber nicht bedeuten, daß immer nur Inhalte zur Disposition stehen, die den Interessen der Schüler entgegenkommen, um ihre Motivation geradezu herbeizuzwingen (bei Bedarf also z.B. ein Sammelsurium aus der Schlager-, Pop- oder Discoszene und noch ein bißchen Silvia-Roman dazu). Die einseitige Verlagerung der Textorientierung an situativ bedingte Leseinteressen und -motive des Schülers kommt den tatsächlichen Erfordernissen der Erziehungswirklichkeit und des Auftrags der Schule nicht entgegen[120]. Entscheidend bleibt, daß die gewählten Texte nicht wahllos aneinandergereiht werden, so daß für den Schüler ein Zusammenhang nicht erkennbar wird. Die Forderungen nach Verbesserung der „rezeptiven Kompetenz" (Verstehen anderer) ist zu unterstreichen, die Förderung der „produktiven Kompetenz" (eigene Äußerung) ist anzustreben, und der Abbau fremdbestimmter Mechanismen zur Erreichung eines eigenen, selbstbewußten Schreibens und Sprechens muß ermöglicht werden, weil der Schüler in der berufsbildenden Schule – insbesondere im Teilbereich I – ein Anrecht darauf hat, als arbeitender Mensch in seinem Handeln und Denken ernst genommen zu werden[121].

3.2.2 *Das Lehrbuch in der berufsbildenden Schule – Teilbereich II*

Der größte Teil der Schüler in diesem Teilbereich erwirbt in einer zweijährigen Fachschule den einfachen oder – bei entsprechendem Notendurchschnitt – den erweiterten Sekundarabschluß I; es handelt sich also um die Jahrgangsklassen 9/10. In diesem Teilbereich muß bei der Konzeption eines Lesebuches bedacht werden, daß die Schüler aus verschiedenen Schulen – mit oft recht unterschiedlichen Voraussetzungen – in den Klassenverband eintreten. Die Unterrichtssituation (Tagesschule; 3–5 Std. Deutsch wöchentlich) ist aber günstiger als im Teilbereich I, so daß alle Inhalte (Literatur, Sprachlehre, Grammatik) intensiver behandelt werden können; eine Integration der Sachgebiete in das Lesebuch ist daher auch nicht erforderlich; sie können getrennt dargestellt werden. Für einjährige Berufsfachschulen ist es zweckmäßig, eine Kurzausgabe zu konzipieren; bei der Auswahl kann das Schwergewicht stärker auf die Gegenwart gelegt werden. „Der Schüler, der sich auf einen Beruf vorbereitet, bzw. kurz vor dem Eintritt in das Berufsleben steht, soll die ihn erwartende Wirklichkeit reflektieren, sich aber auch mit der Vergangenheit auseinandersetzen, vor allem mit der unmittelbaren bis in unsere Gegenwart fortwirkenden ."[122] Bei *ein*jährigen Fachschulen sind die Unterschiede zum Teilbereich I für die Konzeption eines Lehrbuches Deutsch geringer.

---

119 Vgl. Wilhelm Albrecht, Der Schlußsatz im Lesebuchtext. Entwurf eines Funktionsmodells. In: Geiger, Lesebuchdiskussion 1970–1975, S. 83. Als Unterrichtsbeispiel vgl. Herbert Blume, Lehrlingsprobleme als Unterrichtsgegenstand. In: Projekt Deutschunterricht 4. Stuttgart: Metzler 1973, S. 73–93.

120 Vgl. Rüdiger Frommholz, Lesebuchkritik. In: Boueke, Deutschunterricht in der Diskussion, S. 430.

121 Vgl. Harry Neß, Bedingungen einer der Teilzeitberufsschule angemessenen Stillehre, S. 557 ff.

122 Ernst Goette / Jürgen-Wolfgang Goette, Vorwort. In: Kritisches Lesebuch – Kurzausgabe. Rinteln: Merkur [4]1980, S. 6.

3.2.3 *Das Lehrbuch in der berufsbildenden Schule – Teilbereich III*

Die Neugestaltung der gymnasialen Oberstufe (Kurssystem: Grund- und Leistungskurse) betrifft das beufliche Schulwesen genauso wie das allgemeinbildende: bei dem Gymnasium einer berufsbildenden Fachrichtung sind bisher in der Regel für das Fach Deutsch nur Grundkurse vorgesehen. Hier ist bereits eine Reform der Reform dringend angezeigt. Weiterhin wird Kritik dahingehend artikuliert, daß sich – vor allem unter dem Einfluß des Numerus clausus – der Leistungsdruck verstärkt hat und die Isolierung des einzelnen Schülers durch das Aufheben des Klassenverbandes immer größer geworden ist.

Allerdings stehen dagegen die Vorteile, daß der Schüler mehr Wahlmöglichkeiten, auch hinsichtlich neuer Fächerkombinationen, erhalten hat und daß vor allem berufsbezogene Ausbildungsgänge gleichberechtigt belegt werden können[123].

Für die Konzeption von Lehrbüchern im Fach Deutsch bedeutet die Neuorganisation, daß die alten – oft zu umfangreichen – Lesebücher im Kurssystem nur noch sehr bedingt geeignet sind. Es müssen Texte und Materialien in Kursheften erarbeitet werden, die jeweils ein Kernproblem thematisieren[124]: dazu gehören sowohl Grundtechniken wie die Einführung in das wissenschaftliche Arbeiten als auch Sprach- und Literaturkurse.

Als ein Thema, das alle Gymnasiasten betrifft, kann das Problem „Sprache und Kommunikation" angesehen werden. „Wir leben in einem Jahrhundert, in dem das Verhalten des reflektierenden Menschen zur Sprache in bislang nicht bekannter Weise problematisch geworden ist. Die weitverbreiteten Schlagwörter wie ‚Manipulation', ‚Lüge', ‚Kommunikationsstörungen' werfen darauf ein bezeichnendes Licht."[125] Heinrich Böll hat in seinen „Frankfurter Vorlesungen" klar umrissen, worum es geht: „Es herrschen merkwürdige Vorstellungen von Realismus in diesem Land, als wäre ein Wort so platt und so gängig wie ein Groschen, wo doch jedes Kind spätestens am ersten Schultag erfährt, daß es kein vertrautes Gelände der Sprache gibt, daß es nicht einmal das Wort Gottes so nehmen darf, wie es ist: Politik wird mit Worten gemacht, Wissenschaft drückt sich in Worten aus, Religion verkündet sich in Worten, von denen keins so platt und so gängig genommen werden kann wie ein Groschen, der in den nächstbesten Schlitz paßt."[126] Weitere relevante Themenkreise sind „Jugend und Sozialisation", „Literatur und Leser", „Arbeit und Freizeit", „Natur und Umwelt", „Frau und Mann in der Gesellschaft", „Frieden, Krieg, Verfolgung und Widerstand".

In diesem Teilbereich sind auch neuere Forderungen der Fachdidaktik, projektorientierte Sammlungen in Loseblattform zu gestalten, am sinnvollsten zu erfüllen; dann handelt es sich aber nicht mehr originär um Lese*bücher*, sondern um Lese*werke*.

---

123 Vgl. „Zu den Beiträgen dieses Heftes" der Herausgeber der Zeitschrift Diskussion Deutsch (1976), Heft 28, das dem Thema „Deutsch im Kurssystem (Sekundarstufe II)" gewidmet ist (S. 103).

124 Einige Verlage haben bereits Kurshefte vorgelegt; vgl. Deutsch Sekundarstufe II (Düsseldorf: Schwann); Texte und Materialien zum Literaturunterricht (Frankfurt: Diesterweg); Arbeitsmaterialien Deutsch (Stuttgart: Klett); Texte und Materialien für Deutschkurse (Rinteln: Merkur).

125 Ernst Goette/Jürgen-Wolfgang Goette, Vorwort. In: Sprache und Kommunikation. Texte und Materialien für Deutschkurse. Rinteln: Merkur 1979, S. 9.

126 Heinrich Böll, Frankfurter Vorlesungen. München: dtv 1968 = sonderreihe dtv 68, S. 28.

3.3 Ausblick

Die neue Generation der Lesebücher soll anregen und aufregen[127]; ein Rückblick in die Vergangenheit zeigt, warum das von Klose formulierte Postulat notwendig ist. In einer ‚offenen' demokratischen Gesellschaft, die es zu verteidigen und zu fördern gilt, bedeutet kritisch Lesen zu lernen, „die Ausbildung von Menschen zu demokratischen, weil der Kontrolle ihrer Umwelt fähigen Bürgern, bedeutet nicht Revolution, sondern ständige Revision des Bestehenden, heißt Entwicklung"[128]. Das ist der Sinn eines emanzipatorischen Deutschunterrichts und eines nach dieser Intention konzipierten Lesebuches. Die Indoktrination jedweder Provenienz muß vermieden werden, weil sie nicht das Denken fördert, sondern mit Parolen verhindert[129]. Daß sich diese Praxis im Deutschunterricht nicht immer durchsetzen konnte, „daran hatten auch die deutsche Geschichte und die deutsche Gesellschaft auf vielfältige Weise zu leiden"[130].

Die Namen deutscher Schriftsteller und Künstler und ihre Werke sind immer wieder Ausgangspunkt von Überlegungen gewesen, ob sie den Regierenden nützen oder nicht. So wie Deutschland in der Vergangenheit Lessing, Heine, Tucholsky, Kästner, Heinrich und Thomas Mann gebraucht hätte, benötigt es heute Celan, Böll, Fried, Biermann, Kirsch, Becker. Nicht ohne Grund spricht Böll davon, daß es kein Zufall sei, „daß immer da, wo der Geist als eine Gefahr angesehen wird, als erstes die Bücher verboten" werden und die Sprache der „letzte Hort der Freiheit" sein kann[131].

Welcher Bürger ist für den demokratischen Staat wertvoller – ein angepaßter oder ein kritischer? Dem Lesebuch kommt in diesem Zusammenhang als Mittel zur Kommunikation eine wichtige Funktion zu, denn – wie hat Robert Minder gesagt – „an seinen Lesebüchern erkennt man ein Volk"[132].

---

127 Vgl. Werner Klose, Drucksachen – Drecksachen. In: Geiger, Lesebuchdiskussion 1970–1975, S. 367.

128 Heinz Ludwig Arnold, Lesebuch der 70er Jahre, S. 76.

129 Vgl. Heinz Ludwig Arnold, Lesebuch der 70er Jahre, S. 76.

130 Heinz Ludwig Arnold, Lesebuch der 70er Jahre, S. 110.

131 Vgl. Heinrich Böll, Erzählungen. Hörspiele. Aufsätze, Köln: Kiepenheuer & Witsch 1961, S. 440.

132 Robert Minder, Soziologie. In: Helmers, Lesebuchdiskussion, S. 1; vgl. zu der Problematik:

Johann Dietrich Bödeker, Bayerischer Index. Die neue Inquisition ist in München fest am Werk. In: Die Zeit, Nr. 3 vom 13.01.1979, S. 29;

Gerd Stein (Hrsg.), Schulbuch-Schelte als Politikum und Herausforderung wissenschaftlicher Schulbucharbeit. Stuttgart: Klett-Cotta 1979;

Jutta Roitsch, Die sanfte Gewalt der Schulbuchinquisition. Über die bedenkliche Praxis der ministeriellen Zulassungsverfahren. In: Frankfurter Rundschau, Nr. 130 vom 07.06.1979, S. 15.

Horst Rumpf, Wozu diese Geheimniskrämerei? In: Die Zeit, Nr. 16 vom 10.04.1981, S. 37.

4 DIE UNTERRICHTSVORBEREITUNG

4.1 Planung, Durchführung, Analyse

Das zentrale Aufgabenfeld des Lehrers ist der Unterricht, und das bedeutet hauptsächlich: Vorbereitung, Durchführung und Nachbetrachtung des Unterrichts. In der Absicht, dem Lehrer hierbei zu helfen, ist eine umfangreiche, kaum überschaubare Literatur entstanden, die aber nur Vorleistungen erbringen kann, da endgültige Entscheidungen über die konkrete Ausgestaltung von Lehr- und Lernprozessen – und hierüber herrscht ausnahmsweise nahezu Einigkeit – von „situativ wirksam werdenden Voraussetzungen abhängen und mithin nur von jemandem getroffen werden können, der die Situation genau kennt"[1], und das ist nun einmal der Lehrer. Allerdings stellt sich immer wieder die Aufgabe neu, über das geeignete Vorgehen zu reflektieren, andere (alternative) Wege vorzuschlagen und sie zur Diskussion zu stellen.

Dazu gehört auch, Überlegungen anzustellen, in welcher Form Schüler bei bestimmten Projekten in die Planung mit einbezogen werden können, sie zu beteiligen (kooperative Planung) oder auch ein Projekt eigenverantwortlich gestalten zu lassen. „Sprachhandlungskompetenz kann sich nur entwickeln, wenn den Schülern die Möglichkeit zum sprachlichen Handeln, und das heißt die (Mit-)Verfügung über die Bedingungen ihres sprachlichen Handelns, eingeräumt wird."[2] Bei diesem Vorgehen ist es möglich, daß Schüler „ihre lebensweltlichen Erfahrungen"[3] mit in den Reflexionsprozeß, das Vorbereiten und Durchführen von Unterricht einbringen können.

Planung, Durchführung und Analyse des Unterrichts in der Praxis setzen eine theoretische Grundlage voraus. In der Didaktik-Diskussion fehlt es nicht an verschiedenen Ansätzen, die in ihrer Vielfalt der Aspekte und theoretischen Begründungen, auch polemischen Aussagen gegenüber früheren oder gleichzeitig konkurrierenden Modellen, nicht immer leicht zu überblicken sind; dennoch kann gesagt werden, daß sie – wie Blankertz mit Recht festgestellt hat – nicht konkurrieren müssen, sondern sich auch in fruchtbarer Kritik und dauerndem Problembewußtsein halten können[4]. Es handelt sich um allgemeindidaktische Entwürfe (oft mit fachdidaktischen Entsprechungen); Versuche zur Entwicklung eigener sprach- und literaturdidaktischer Modelle sind im Grunde bis heute noch nicht (endgültig) abgeschlossen[5]; die Diskussion um den möglichen ‚besten' Weg soll und darf auch gar nicht ‚abschließenden' Charakter haben, weil dann der Gegenstand nicht mehr ‚lebt', und das würde im Bereich des Deutschunterrichts (Sprache und Literatur) einen Rückschritt bedeuten, der nicht gewollt sein kann.

---

1 Wilhelm H. Peterssen, Zur Erfassung situativer Voraussetzungen für didaktische Entscheidungen. In: Die deutsche Schule 65 (1973), Heft 3, S. 173.

2 Ernst Nündel, Kompendium Didaktik Deutsch. München: Ehrenwirth 1980, S. 234.

3 Harro Müller-Michaels, Positionen der Deutschdidaktik seit 1949. Königstein: Scriptor 1980 = S 126, S. 234 f.

4 Vgl. Herwig Blankertz, Theorien und Modelle der Didaktik. München: Juventa [5]1971, S. 7 (inzwischen 10. Auflage).

5 Gisela Wilkending, Ansätze zur Didaktik des Literaturunterrichts. Darstellung – Analyse. Weinheim: Beltz 1972, S. 19ff.

In dieser einführenden Betrachtung zur Unterrichtsvorbereitung geht es zunächst um die Frage: Was helfen allgemeine didaktische Überlegungen dem Lehrer? und um sie beantworten zu können, soll ein kurzer Überblick zur Orientierung und Einordnung gegeben werden. Dabei können nicht **alle** gegenwärtig diskutierten Ansätze berücksichtigt werden; die vorgenommene Systematik lehnt sich an die von Blankertz[6], Riedel[7] und Schulz[8] vorgenommene an.

4.2 Allgemeine Didaktik

Was kann die allgemeine Didaktik als wissenschaftliche Disziplin für die Praxis leisten? Sie muß Aussagen darüber machen, wie

- Systeme konkreter Wirkungen des Unterrichts aufgestellt werden können, die realisierbar sind;
- entsprechende Erscheinungsformen geplant und überprüft werden können[9].

„Die Didaktik selbst kann Praxis nicht lehren, sie kann nur solche Informationen, Techniken, Einstellungen und Verhaltensweisen vermitteln, welche die Grundlagen für ein Handeln des Lehrers in der Praxis darstellen."[10] Eine wesentliche Aufgabe besteht darin, die allgemeinen Zusammenhänge zwischen den Zielen, Inhalten und Methoden des Unterrichts zu erforschen und der Fachdidaktik Modelle, Prinzipien und Kategorien anzubieten, „deren Anwendbarkeit unter der Perspektive der fachlichen Inhalte und Ziele und in bezug auf die konkreten Voraussetzungen der Schüler überprüft werden müssen"[11]. Seit Heinrich Roths „Die Kunst der rechten Vorbereitung"[12], die bereits 1950 erschien, kann sich der Lehrer auf der Suche nach dem Wesen und der Bestimmung der Bildungsinhalte auf das Instrumentarium und die Einsichten allgemeindidaktischer Modelle stützen, die seitdem vorgelegt wurden[13].

Roths Vorschläge gehen von der psychologisch begründeten Vorstellung aus, daß die Vorbereitung der Begegnung des Schülers mit dem Kulturgut allein der persönlichen Fähigkeit und Planung des Lehrers gegeben ist, die Begegnung selbst jedoch dem individuellen, persönlichen Kontakt zukommt[14]. Aus dieser Überlegung heraus formuliert Roth seine Grundsätze und begründet den **psychologisch-methodischen** Ansatz: für ihn stellt sich als zentrales Problem, wie die Begegnung

6 Vgl. Herwig Blankertz, Theorien und Modelle der Didaktik.

7 Vgl. Harald Riedel, Allgemeine Didaktik und unterrichtliche Praxis. München: Kösel 1977.

8 Vgl. Wolfgang Schulz, Unterrichtsplanung. München: Urban & Schwarzenberg 1980.

9 Vgl. Harald Riedel, Allgemeine Didaktik, S. 37.

10 Harald Riedel, Allgemeine Didaktik, S. 40.

11 Jürgen Hein, Fachwissenschaft und Fachdidaktik. In: Bernhard Sowinski (Hrsg.), Fachdidaktik Deutsch. Böhlau ²1980 = Böhlau-Studien-Bücher, S. 25.

12 Heinrich Roth, Pädagogische Psychologie des Lehrens und Lernens. Hannover: Schroedel ¹⁵1976, S. 119–128.

13 Ausgenommen ist hier die *normative* Didaktik, die von bestimmten, einmal festgelegten, leitenden ‚Sinn-Normen' ausgeht. Sie wird heute nahezu einhellig als unrealisierbar abgelehnt. Eine wissenschaftlich orientierte Didaktik kann nach unserer Vorstellung einem einmal festgelegten Anspruch nicht genügen.

14 Vgl. Heinrich Roth, Pädagogische Psychologie, S. 119ff.

zwischen dem Lernenden (Kind) und dem Gegenstand erreicht werden kann. An diesem Prozeß ist jedoch nur die Hinführung planbar, „die Begegnung selbst ist das Glück der Stunde"[15].

Die Bedeutung des Konzepts liegt in dem Stellenwert, den Roth einer Analyse des Gegenstandes zuerkennt, in einer ausführlichen Diskussion über die Ziele des Unterrichts sowie ihrer verfahrensmäßigen Anwendung[16], denn „die Auseinandersetzung mit dem Gegenstand, die Analyse seiner Struktur, ist als unabdingbarer erster Schritt zu einer adäquaten Unterrichtsvorbereitung anzusehen"[17].

Roths Gedanken zur Unterrichtsplanung haben bis heute Gültigkeit und können immer noch als Ausgangspunkt für die Didaktik-Diskussion angesehen werden. „Als historische Stufe hat dieser Ansatz schon deshalb seinen Wert, weil er den geplanten Unterrichtsverlauf wissenschaftlich zu begründen versucht, an einigen Stellen schon Entscheidungsmöglichkeiten bereitstellt und vor allem, weil zwischen vorbereitender Besinnung und Planung des Unterrichts mit genauem Entwurf des Unterrichtsverlaufes unterschieden wird."[18]

Der **bildungstheoretische** Ansatz, der vor allem von Klafki – auf der Grundlage der Ideen Wilhelm Diltheys (Geisteswissenschaftliche Pädagogik) und Erich Wenigers (Theorie der Bildungsinhalte und des Lehrplans unter Einschluß der Methodenlehre) – im Gegensatz zur normativen Didaktik entwickelt wurde, will vor allem ermitteln, „worin der allgemeine Bildungsgehalt des jeweils besonderen Bildungsinhaltes liegt"[19]. Für die Begründung, Steuerung und Überprüfung von Unterricht trennt Klafki die didaktische Analyse der Bildungsinhalte als ‚Kern der Unterrichtsvorbereitung' von der methodischen Planung, die eigenen Gesetzmäßigkeiten folgt, ab und legt für die Inhalte fünf Auswahlkriterien als wesentlich fest:

- das Exemplarische,
- den Gegenwartsbezug für die Schüler,
- die Zukunftsbedeutung,
- die Struktur und erschließende Wirkung,
- die Veranschaulichung (Anknüpfung).

Heute sieht Klafki – vor allem nach Auseinandersetzungen mit der ‚Berliner Schule' – das Verhältnis zwischen dem „Wie" und „Was" in einem stärkeren Wechselbezug[20].

Klafkis Hinweise auf die Bedeutung der didaktischen Analyse hatte großen Einfluß auf die Auseinandersetzung im pädagogisch-didaktischen Wissenschaftsbereich, hat sie aber vor allem auch vorangetrieben, so daß es zu neuen Einsichten und Ansichten kommen konnte.

15 Heinrich Roth, Pädagogische Psychologie, S. 128.

16 Vgl. Walter Jeziorski, Praxis und Theorie der Unterrichtsvorbereitung. Braunschweig: Westermann 1968, S. 248.

17 Helmut Melzer / Walter Seifert, Theorie des Deutschunterrichts. München: Ehrenwirth 1976, S. 150.

18 Harro Müller, Modelle der Unterrichtsvorbereitung für das Fach Deutsch. In: DU 22 (1970), Heft 2, S. 63.

19 Wolfgang Klafki, Didaktische Analyse als Kern der Unterrichtsvorbereitung. In: Heinrich Roth / Alfred Blumenthal (Hrsg.), Auswahl. Grundlegende Aufsätze aus der Zeitschrift „Die deutsche Schule". Hannover: Schroedel 1964, S. 14.

20 Vgl. Wolfgang Schulz, Didaktische Analyse. In: Karl-Heinz Stocker (Hrsg.), Taschenlexikon der Literatur- und Sprachdidaktik. 2 Bde. Kronberg: Scriptor 1976 = S 94, S. 13.

Gegen die zu starke Reflexion nur auf die Bildungsinhalte wenden sich vor allem Paul Heimann, Gunter Otto und Wolfgang Schulz (Berliner Schule) mit dem von ihnen vertretenen **lerntheoretischen** Konzept, das die Berücksichtigung *aller* im Unterricht zum Tragen kommenden Faktoren anstrebt. „Die Didaktik wird hier als *Theorie des Unterrichts* verstanden, der Unterricht als Ort, wo die ungelösten Fragen der didaktischen Gesamtsituation als konkret zu lösende Lehr- und Lernprobleme auftreten. [. . .] Der *Unterricht* wird grundsätzlich als *Prozeß* und als ein Vorgang von größter ‚Faktorenkomplexion' angesehen."[21]

Es werden sechs Strukturmomente festgelegt:

Entscheidungsfelder	– Intentionalität	([pädagogische Absichten]; dabei sind die Absichten in der kognitiven, affektiven und pragmatischen Dimension zu unterscheiden)
	– Thematik	(Bestimmung der Unterrichtsinhalte)
	– Methodik	(Festlegung der Verfahrensweisen; dabei sind zu unterscheiden: Methodenkonzeptionen, Artikulationsschemata mit angenommenen Lernphasen, Aktionsformen und Sozialformen)
	– Medien	(Wahl der Unterrichtsmittel)
Bedingungsfelder	– Anthropogene Voraussetzungen	(Vorgeprägtheit der Anlagen und Erfahrungen von Schülern und Lehrern)
	– Sozialkulturelle Voraussetzungen	(gesellschaftliche Bedingungen)[22].

Blankertz stellt mit Recht fest, daß Unterricht unter mannigfachen Bedingungen, die vorgegeben sind und die man kennen muß, zu sehen ist. Die lerntheoretische Didaktik führt zu Untersuchungen über die „personellen und materiellen Voraussetzungen schulischen Lerngeschehens, über Schulziele von Schülern, Eltern und Lehrern, über Rollenproblematik und Statusunsicherheit der Lehrer, über Zielvorstellungen in Schulgesetzen und Lehrplänen, über Lehrtendenzen in Schulbüchern, über didaktische Trends in Schulordnungen und Unterrichtsentwürfen, über Probleme der Steuerung des Unterrichtsprozesses und der Effektivitätskontrolle sowie über die Beziehungen aller Einzelfaktoren zueinander"[23].

Dieser Ansatz verfolgt eine unverkennbare aufklärerische Intention, da er alle den Unterricht beeinflussende Faktoren ansprechen und integrieren will. Um dem geforderten Anspruch gerecht zu werden, arbeitet die lerntheoretische Didaktik in erster Linie mit empirisch-analytischen Methoden, um pädagogische Zielsetzungen nicht nur zu proklamieren, sondern rational auf ihre Realisierbarkeit zu überprüfen. „Mit Hilfe von struktur- und kategorialanalytischen Verfahren werden die

---

21 Paul Heimann, Didaktik 1965. In: Paul Heimann/Gunter Otto/Wolfgang Schulz, Unterricht. Analyse und Planung. Hannover: Schroedel [9]1977, S. 9.

22 Vgl. Wolfgang Schulz, Unterricht – Analyse und Planung. In: Heimann/Otto/Schulz, Unterricht, S. 22–39; vgl. dazu auch die Ausführungen von Harro Müller, Modelle der Unterrichtsvorbereitung für das Fach Deutsch, S. 66.

23 Herwig Blankertz, Theorien und Modelle der Didaktik, S. 91ff.

Bereiche des Unterrichts aufgedeckt und die anthropogenen und sozialkulturellen Voraussetzungen als Bedingungsfelder sowie die Entscheidungsfelder Intentionalität, Thematik, Methodik und Medienwahl bestimmt."[24]

Wolfgang Schulz hat – vor allem aufgrund der gesellschaftlichen Entwicklung am Ende der 60er Jahre (Außerparlamentarische Opposition, Studentenbewegung, Bildungsreform) – den von ihm mitbegründeten Ansatz um die **kritisch-emanzipatorische** Dimension unter Berücksichtigung ideologisch-didaktischer Komponenten erweitert, indem er weitere Forderungen erhebt:

- Emanzipation (Befreiung der in einer Gesellschaft konkret Benachteiligten gegenüber den jeweils Herrschenden),
- Solidarität (Hilfe gegenüber den Benachteiligten und gemeinsames Handeln, um dem einzelnen Entfaltung zu erleichtern und zu ermöglichen),
- Kompetenz (Wissen und Können, um individuelle Rechte zu vertreten),
- Autonomie (Selbständigkeit des eigenen [subjektiven] Lernprozesses)[25].

In seiner neuen Veröffentlichung „Unterrichtsplanung" (1980) betont Schulz außerdem, daß es ihm vor allem darauf ankomme, durch „Konkretisierung in Auseinandersetzung mit den spezifischen Problemfeldern des Unterrichts, ihren Begriffen, ihren Strukturen"[26] ein Planungsmodell zu vervollständigen; langfristig fordert er:

- Verbesserung des Lehrer-Schüler-Verhältnisses unter Einbezug der Eltern,
- Förderung integrierter Systeme (einschließlich Allgemeinbildung und Berufsbildung),
- Realisierbarkeit und Mitgestaltung von Rahmenplänen (Mitbestimmung),
- Lehrerweiterbildung (Befähigung zur Interaktion),
- Organisation (Benutzung von Archiven, Zusammenarbeit zwischen Universität, Seminar und Schule)[27].

Von anderen (geradezu entgegengesetzten) Absichten und Voraussetzungen geht das **informationstheoretische (kybernetische)** Modell (Felix von Cube, Helmar Frank) aus[28]. In diesem Ansatz wird versucht, Ergebnisse der Naturwissenschaften (Technik) auf den menschlichen Bereich anzuwenden – sowohl den individuellen wie den sozialen – und die Bedingungen des Lernprozesses lückenlos verfügbar

---

24 Helmut Fischer, Planung, Beobachtung und Analyse des Deutschunterrichts. In: Dietrich Boueke (Hrsg.), Deutschunterricht in der Diskussion. Forschungsberichte. Paderborn: Schöningh 1974 = UTB 403, S. 57.

25 Vgl. Wolfgang Schulz, Unterrichtsplanung, S. 36ff.
In Abgrenzung zu seinem früher vertretenen lerntheoretischen Modell, das als „Berliner Schule" bekannt wurde, setzt sich Schulz jetzt im „Hamburger Modell" (weil dort entwickelt) dafür ein, daß die *Planungsarbeit* stärker in den Vordergrund gestellt wird und nicht so stark als Appendix der Analyse angesehen wird (S. 183).

26 Wolfgang Schulz, Unterrichtsplanung, S. 183.

27 Vgl. Wolfgang Schulz, Unterrichtsplanung, S. 183ff.

28 Vgl. Felix von Cube, Kybernetische Grundlagen des Lernens und Lehrens. Stuttgart: Kohlhammer [4]1971; F.v.C., Der kybernetische Ansatz in der Didaktik. In: Detlev C. Kochan (Hrsg.), Allgemeine Didaktik, Fachwissenschaft. Darmstadt: Wissenschaftliche Buchgesellschaft 1972 = Wege der Forschung LXVIII, S. 143–170; Helmar Frank, Kybernetische Grundlagen der Pädagogik. Baden-Baden: 1969.

zu machen. Die Intention ist darin begründet, die allgemeine Technisierung (Fernsehen, Video, Overhead, Automation, Datenverarbeitung, Rechengeräte) auch auf den Bereich der Pädagogik zu transformieren und nutzbar zu machen. Kennzeichen ist, daß der Lehr- und Lernprozeß als ein Informationsprozeß aufgefaßt wird, auf den der von der Kybernetik entwickelte Regelkreis (Informationsaufnahme, -verarbeitung und -speicherung) zutrifft:

- Berücksichtigung technischer Medien (Informationstheorie),
- Versuch der Objektivierung (eindeutige Zielsetzung mit Folgezielen),
- Klassifizierung von Lehr- und Lernprozessen.

Das intendierte Regelkreismodell, der bestimmte Vorgang, der zur Erreichung eines bestimmten Zieles oder zur Aufrechterhaltung eines bestimmten Zustandes verwendet wird, stößt zwar an Grenzen der Verwirklichung (Imitationslernen, kein Transfer), hat aber seine Bedeutung bei abgrenzbaren Prozessen, „die der quantifizierend-kalkülisierenden Methode zugänglich sind"[29], z.B. dem programmierten Unterricht – allerdings im Fach Deutsch wohl weniger relevant, wenn man einmal von bestimmten Trainingsprogrammen (im Bereich der Sprachlehre/Grammatik) absieht.

Die Absicht, für sämtliche denkbaren Lernziele optimale Handlungsanweisungen für ihre Realisierung zu erreichen, erscheint illusionär, zumal man davon ausgehen muß, daß nicht alle Faktoren empirisch erarbeitet werden können. „Die hier um der Strenge und Exaktheit der empirischen Kontrolle willen beanspruchte Wertfreiheit sieht notwendigerweise ab von den Zielen menschlichen Daseins, von personaler Selbstverwirklichung und Humanität, also von dem, was bisher zentrales Thema pädagogischer Reflexion war."[30]

Seit dem letzten Jahrzehnt (1970) werden in der Bundesrepublik Deutschland verstärkt Versuche unternommen, im Rückgriff auf Ansätze einer *materialistisch* orientierten Geschichtsauffassung die bislang üblichen mehr geisteswissenschaftlich orientierten Verfahrensweisen zu kritisieren und durch neue Analysen abzulösen (die Literatur im Kontext politischer und ökonomischer Bedingungen zu begreifen): systemtheoretische, kritische, materialistische, kommunikative, dialektische Didaktiken[31]. Als Hauptkriterium kann bei allen Ansätzen die **kritisch-emanzipatorische** Zielsetzung angesehen werden; vor allem wird die Frage nach der Legitimation der Ziel- und Inhaltsentscheidungen gestellt. Die stärker erfahrungswissenschaftlich orientierten Didaktiken legen ein Schwergewicht auf die „Optimierung von Lernprozessen", wobei die Lernzielformulierung ein unverzichtbares Essential geworden ist[32].

---

29 Harald Riedel, Allgemeine Didaktik, S. 69.

30 Herwig Blankertz, Theorien und Modelle der Didaktik, S. 52; es ist in der informationstheoretischen Didaktik daher konsequent, „nicht mehr von Lehrern und Schülern, sondern von Sendern und Empfängern, von Lehr- und Lernsystemen zu sprechen, nicht mehr von Bildungsinhalten und Erziehung, sondern von Information und Verhaltenssteuerung" (S. 55).

31 Vgl. Harald Riedel, Allgemeine Didaktik, S. 73–89. Riedel verweist mit Recht darauf, daß der materialistisch-dialektische Ansatz z.B. von L. Klingenberg vor allem in der DDR großen Einfluß hatte (S. 73ff.) und der von ihm und Ernst König entwickelte systemtheoretische Ansatz vor allem aufgrund des Mangels im technisch-didaktischen Bereich des bildungstheoretischen und lerntheoretischen Ansatzes konzipiert wurde (S. 79ff.).

32 Vgl. Hilbert Meyer, Leitfaden zur Unterrichtsvorbereitung. Königstein: Scriptor 1980 = Scriptor Ratgeber Schule 6, S. 128f.

Ein weiterer neuer Versuch, Kriterien für eine kritisch-emanzipatorische Didaktik zusammenzustellen und zu hinterfragen, liegt von Reinhard Franzke vor; zur Anregung wird der Kriterienkatalog hier wiedergegeben[33]:

„Kriterien einer kritisch-emanzipatorischen Didaktik

I. Inhaltsdimension

1. *Allgemein*

   a) Didaktische Analyse

   1.1 Interessenkriterium:
   Dienen die zu vermittelnden Qualifikationen und Orientierungen den Reproduktions- und Emanzipationsinteressen abhängig Beschäftigter?

   1.2 Relevanzkriterium:
   Haben die zu vermittelnden Qualifikationen und Orientierungen Relevanz im Hinblick auf die Lebens- und Berufsperspektive abhängig Beschäftigter?

   b) Didaktische Planung

   Welche Qualifikationen und Orientierungen fördern die materiellen Reproduktionschancen sowie Mündigkeit und Kritikfähigkeit (Interessenkriterium)? Welche Qualifikationen und Orientierungen sind für die zukünftig zu erwartende Lebens- und Berufsperspektive von Bedeutung (Relevanzkriterium)?

2. *Qualifikationen:* Reproduktions- und Innovationsgehalt

   a) Didaktische Analyse

   2.1 Reproduktionskriterium:
   Genügen die zu vermittelnden Qualifikationen den zu erwartenden beruflichen Anforderungen?

   2.2 Innovationskriterium:
   Befähigen die zu vermittelnden Qualifikationen, neue, alternative Konzepte einer humanen und demokratischen Arbeitsorganisation und Arbeitsteilung zu entwickeln, durchzusetzen und zu realisieren?

   b) Didaktische Planung

   Welche Qualifikationen müssen den Jugendlichen vermittelt werden, damit sie die zu erwartenden beruflichen Anforderungen erfüllen (Reproduktionskriterium) und alternative Konzepte einer humanen und demokratischen Arbeitsorganisation und Arbeitsteilung entwickeln, durchsetzen und realisieren können (Innovationskriterium)?

3. *Erkenntnisse und Orientierungen:* Erkenntnis- und Ideologiegehalt

   a) Didaktische Analyse

   3.1 Erkenntnis- und Wahrheitskriterium:
   Vertiefen und erweitern die zu vermittelnden Deutungsmuster und Erklärungsansätze die Erkenntnis? Stellen sie die Wirklichkeit angemessen („richtig") oder ideologisch verzerrt („falsch") dar?

   3.2 Problematisierungskriterium:
   Werden die zu vermittelnden „Erkenntnisse" problematisiert (Dialektik von Aneignung und Kritik)?

   3.3 Pluralismuskriterium:
   Werden alternative Deutungen und Erklärungen angeboten? Werden diese objektiv und vorurteilslos dargestellt?

---

33 Reinhard Franzke, Erkenntnisgehalt und Praxisverständnis allgemeindidaktischer Ansätze – Ihr Beitrag zu einer Didaktik beruflicher Lernprozesse. In: Zeitschrift für Berufs- und Wirtschaftspädagogik 76 (1980), Heft 3, S. 161–178; der Kriterienkatalog ist auf S. 176–177 abgedruckt.

b) Didaktische Planung

Welche Ansätze sind geeignet, die Wirklichkeit angemessen und nicht ideologisch verzerrt zu deuten und zu erklären? Welche Deutungsmuster und welche Erklärungsansätze vertiefen und erweitern die Erkenntnis (Erkenntnis- und Wahrheitskriterium)? Welche alternativen und kontroversen Deutungen und Erklärungen müssen herangezogen werden (Pluralismuskriterium)? Welche Kritik wird gegen diese Ansätze vorgebracht (Problematisierungskriterium)?

II. Beziehungsdimension

4. *Kommunikation und Interaktion:* Kommunikations- und Repressionskriterium – Repressionsniveau

a) Didaktische Analyse

Welche Bedürfnisse und Gefühle, Einstellungen und Motive, Wünsche und Interessen, Erfahrungen und Erwartungen, Hoffnungen und Befürchtungen, welches Selbst- und Weltverständnis, welche Lernfähigkeit und Belastungsgrenzen haben die Schüler?

b) Didaktische Planung

Wie können Spontaneität und Emotionalität freigesetzt, Handlungs-, Kommunikations- und Befriedigungsmöglichkeiten und -fähigkeiten erweitert, äußere und innere, soziale (normative und materielle) und psychische (z.B. Ängste) Schranken und Barrieren abgebaut werden?

5. *Herrschaft:* Partizipationskriterium – Partizipationsniveau

a) Didaktische Analyse

Werden die Jugendlichen an didaktischen und curricularen Entscheidungen beteiligt?

b) Didaktische Planung

Wie können die artikulierten Bedürfnisse, Wünsche und Interessen der Jugendlichen im Unterricht angemessen berücksichtigt und die Einfluß- und Partizipationschancen erweitert werden?

6. *Meta-Kommunikation:* Legitimationskriterium – Reflexions-, Rationalitäts- und Diskursniveau

a) Didaktische Analyse

Werden die Ziele, Inhalte und Methoden des Unterrichts kritisch hinterfragt, problematisiert und rational begründet?

b) Didaktische Planung

Wie können die Ziele, Inhalte und Methoden begründet werden? Wie werden die Schüler Zustimmung oder Ablehnung begründen?

III. Institutionell-gesellschaftliche Bedingungen

7. *Realismuskriterium – Realisierungschancen*

a) Didaktische Analyse

Kann die vorgesehene Planung unter den gegebenen konkreten institutionellen, curricularen, rechtlichen, materiellen und qualifikatorischen Bedingungen realisiert werden?

b) Didaktische Planung

Welche alternativen Bedingungen müssen angestrebt und verwirklicht werden? Welche Kompetenzen und Qualifikationen muß ich mir als Lehrer aneignen?"

6 Goette – ISBN 3-8120-0342-2

Das bildungstheoretische und das lerntheoretische Modell haben die Didaktik-Diskussion beherrscht und am stärksten beeinflußt: vor allem ihre Ergebnisse sind in weitere Ansätze eingegangen und hatten großen Einfluß auf die Curriculumrevision, Lernzielformulierung, Konstruktion von Unterrichtsverläufen – die Entwicklung der Fachdidaktiken. Das von uns zugrunde gelegte „Modell der Unterrichtsvorbereitung" (S. 92) basiert auch auf ihren gewonnenen Erkenntnissen; die Problematik von Modellen bleibt dabei bestehen und soll auch nicht verschwiegen werden. Fischer hebt hervor, daß es fraglich bleibt, „ob die in der Auseinandersetzung um die Curriculumentwicklung hervortretenden Tendenzen, die aus der Zielgewinnung eine zweckrationale Konstruktion von Unterricht erstreben, nicht doch die Umsetzung in Unterrichtsgeschehen verfehlen. [. . .] Methodologische Schwierigkeiten zeigen sich sowohl bei der Deskription konkreter Unterrichtsverläufe, der Anwendung vorformulierter Kategorien und deren normierender Funktion als auch bei der Erstellung einer Unterrichtspartitur, die alle Beobachtungsdaten und Informationen strukturiert und zur Interpretation vorbereitet"[34].

Es bleibt festzustellen, daß alle Modelle in der theoretischen Diskussion immer wieder kritisiert, in ihrer Wirksamkeit in Frage gestellt und die Möglichkeiten des Umsetzens in Zweifel gezogen werden; dennoch gibt es sie, und es wird immer wieder im Unterricht auf sie zurückgegriffen, daher kann eigentlich nichts Besseres erfolgen, als immer wieder Alternativen zur Diskussion zu stellen, damit die gängigen didaktischen Konzepte zur Unterrichtsvorbereitung im Hinblick auf ihren Stellenwert in der Berufspraxis nicht zu reinen „Feiertagsdidaktiken"[35] werden. Um dieser (berechtigten) Besorgnis entgegenzuwirken, wäre es ratsam, Kriterien des Unterrichts **gemeinsam** (Seminar-, Fachleiter, Referendare, Mentoren, Fachlehrer, Schüler) immer wieder zu befragen, auf der Grundlage neuer Erkenntnisse zu revidieren und über alternative Gestaltungsmöglichkeiten nachzudenken. Die von Hilbert Meyer entworfenen Fragen können dafür einen kreativen Anstoß geben[36]:

- Wie lernt man es, sich nicht zu viel Stoff für die Unterrichtsstunde vorzunehmen?
- Wie vermeidet man es, trotz zu viel Stoff zu früh in der Stunde fertig zu sein?
- Was muß man tun, damit die Schüler die Denkanstöße, Fragen und Arbeitsanweisungen verstehen?
- Wie verlernt man es, die Schüler durch die variierende Wiederholung von Fragen endgültig zu verwirren?
- Wie vermeidet man Zeitvergeudung, wenn im Gruppenunterricht einige Gruppen eher fertig sind als die anderen?
- Wie kann man das pädagogisch beabsichtigte Eingehen auf die Interessen und Erfahrungen der Schüler von Motivationstricks und Disziplinierungsmaßnahmen unterscheiden?

---

34 Helmut Fischer, Planung, Beobachtung, Analyse des Deutschunterrichts, S. 58.

35 Vgl. Hilbert Meyer, Leitfaden zur Unterrichtsvorbereitung, S. 181.

36 Hilbert Meyer, Leitfaden zur Unterrichtsvorbereitung, S. 174.

- Wie hinderlich oder wie förderlich ist eine weitgehende Identifizierung mit den Nöten der Schüler für die Reflexion des Unterrichts?
- Wie kann der plötzliche Rollentausch des anfänglich nur hospitierenden Referendars oder Studenten zum verantwortlich den Unterricht leitenden ‚Lehrer' den Schülern vermittelt werden, ohne daß der so häufig beobachtbare Rückfall in autoritäre Verhaltensformen erforderlich wird?

4.3 Fachdidaktik Deutsch

Parallel zu der allgemeindidaktischen Diskussion – auch um das Selbstverständnis der Germanistik (autonome Position) hervorzuheben – vollzog und vollzieht sich eine Kontroverse um die Fachdidaktik Deutsch (Sprache und Literatur). Um Jochen Vogts Feststellung und Frage bei der Bemühung um eine Definition (bezogen auf die Literaturdidaktik: „das ist zunächst einmal nichts anderes als ein Begriff, der das Wirrwarr der Vorstellungen von dem, was er bezeichnen soll, außerordentlich prägnant verdeckt"[37]) etwas zu relativieren, soll unter Fachdidaktik die „Theorie der Ziele, Inhalte und Methoden des Unterrichts in einem Schulfach unter dem Blick der jeweiligen Fachwissenschaft(en) und der von der Allgemeinen Didaktik erforschten Faktoren"[38] verstanden werden; im Fach Deutsch: Probleme der deutschen Sprache und Literatur.

Die Schwierigkeit einer Definition hängt auch mit der immer noch „unklaren, vieldeutigen und heterogenen Statusbeschreibung der Fachdidaktik gegenüber der Fachwissenschaft/den Fachwissenschaften auf der einen und gegenüber dem Schulfach und ‚Handlungsfeld' Deutschunterricht auf der anderen Seite"[39] zusammen.

Unter Didaktik der deutschen Sprache und Literatur versteht man im weiteren Sinn die „Theorie des Lehrens und Lernens in den Gegenstandsfeldern Sprache und Literatur"[40]. Die Literaturdidaktik kann als Teilbereich der Didaktik der deutschen Sprache angesehen werden und neben ihren „eigentlichen Lehr-, Forschungs- und Praxisaufgaben als integrativer Bestandteil der Deutschdidaktik für die Fachwissenschaft Germanistik wertvolle Aufgaben erfüllen"[41].

Eine einheitliche Theorie der Literaturdidaktik ist in der Sekundärliteratur nicht definiert; sie ist innerhalb eines pluralistischen Lehrsystems ebensowenig zu erwarten wie anzustreben[42].

37 Jochen Vogt, Literaturdidaktik? Ein Vorwort. In: Jochen Vogt (Hrsg.), Literaturdidaktik. Aussichten und Aufgaben. Düsseldorf: Bertelsmann Universitätsverlag ²1973 = Literatur in der Gesellschaft 10, S. 9.

38 Jürgen Hein, Fachwissenschaft und Fachdidaktik, S. 19.

39 Peter Stein, Die wunderbaren Jahre. Kritische Deutschdidaktik seit 1967. In: DD (1978), Heft 40, S. 189. Vgl. auch die sehr ausführliche Darstellung von Hubert Ivo: Handlungsfeld Deutschunterricht. Argumente und Fragen einer praxisorientierten Wissenschaft. Frankfurt: Fischer 1975 = Fischer TB 1665.

40 Harro Müller-Michaels, Didaktik der deutschen Sprache und Literatur. In: Karl Stocker (Hrsg.), Taschenlexikon Bd. 1, S. 76.

41 Karl Stocker, Literaturdidaktik. In: Karl Stocker (Hrsg.), Taschenlexikon Bd. 1, S. 252.

42 Harro Müller hat in seinem Aufsatz „Modelle der Unterrichtsvorbereitung für das Fach Deutsch" verschiedene Ansätze zur Unterrichtsvorbereitung auf ihre positiven Aspekte für fachdidaktische Konsequenzen untersucht. Vorschläge des Bremer Kollektivs sind noch nicht berücksichtigt; für die *konkrete* Unterrichtspraxis ist das Modell hilfreich. In: DU 22 (1970), Heft 2, S. 59ff.

Helmers begründet die Didaktik der deutschen Sprache mit dem Teilgebiet Literaturdidaktik als „neue wissenschaftliche Disziplin“[43] gleichrangig neben der Literaturwissenschaft.

Kügler entwirft den Grundriß einer Literaturdidaktik, die sich unmittelbar aus der Literaturwissenschaft ableitet[44], und Ivo entwickelt eine Konzeption, die die prinzipielle Identität literaturwissenschaftlicher und literaturdidaktischer Fragen postuliert[45].

Heute geht eine innovative Literaturdidaktik meistens von einem extensiven Literaturbegriff aus[46].

Als allgemein akzeptierter Wissenschaftsgegenstand der Fachdidaktik Deutsch kann der Deutschunterricht angesehen werden, „verstanden als ein eigenständiges gesellschaftliches sprachhandlungs- und lernfeld, in dem die schüler die *wichtigen* und *richtigen* kommunikativen sprachlichen fähigkeiten zur meisterung ihrer lebenssituationen erwerben sollen“[47]. Mit der Erkenntnis, daß Schüler weniger als einzelne, sondern als soziale Wesen in einer Gesellschaft leben und lernen, erweiterte sich das Problemfeld um die **gesellschaftlich-politische** Dimension, die dann auch zu einer Expansion der fachdidaktischen Reflexionen geführt hat.

Der Lehrer steht vor der Aufgabe, allgemeine und fachdidaktische Regelsysteme in Beziehung zu setzen: „Der curriculare Bezugsrahmen weist Fragen der Lernorganisation, die alle Unterrichtsfächer betreffen, der Allgemeinen Didaktik zu, z.B. die Ursachenerklärung für Erfolg und Mißerfolg differentieller Methoden, die lerngerechte Anordnung von Texten und Abbildungen, Fragen der Lerngruppendifferenzierung, der Komposition neuer Unterrichtsfächer, der Dokumentation von Unterrichtsmaterialien“[48]; die Konkretion dieser Fragen ist eine Sache der Fachdidaktik.

Im folgenden sollen wesentliche Positionen – bei aller gebotenen Vereinfachung unter Berücksichtigung nur eines Fachvertreters – kurz und überblickartig charakterisiert werden, wobei zu berücksichtigen ist, daß die Grenzen „fließend“ und Unterschiede oft nur partiell zu konstatieren sind[49].

---

43 Hermann Helmers, Didaktik der deutschen Sprache. Einführung in die Theorie der muttersprachlichen und literarischen Bildung. Stuttgart: Klett [5]1970, S. 10.

44 Vgl. Hans Kügler, Literatur und Kommunikation. Poetische und pragmatische Lektüre im Unterricht. Stuttgart: Klett [2]1975, S. 11f.

45 Vgl. Hubert Ivo, Die Einheit von Fachwissenschaft und Didaktik. Anmerkungen zur künftigen Ausbildung von Deutschlehrern. In: Hubert Ivo, Kritischer Deutschunterricht. Frankfurt: Diesterweg 1969, S. 119ff.

46 Vgl. Karl Stocker, Literaturdidaktik. In: Karl Stocker (Hrsg.), Taschenlexikon Bd. 1, S. 247f.

47 Werner Schlotthaus, Deutschdidaktik. In: betrifft: erziehung (1977), Heft 10, S. 60.

48 Wolfgang Royl, Didaktische Aspekte von Unterricht und Unterrichtsplanung. In: Wolfgang Schmidt (Hrsg.), Unterrichtsgestaltung. München: Urban & Schwarzenberg 1978, S. 52.

49 Eine ausführliche Auseinandersetzung mit den Hauptrichtungen der Deutschdidaktik in der Bundesrepublik liefert Harro Müller-Michaels in: Positionen der Deutschdidaktik seit 1949.
Vgl. auch Positionen der Deutschdidaktik. In: DD (1981), Heft 58 und Norbert Hopster, Didaktische Konzeptionen des Literaturunterrichts. In: Boueke, Deutschunterricht in der Diskussion, S. 260–290.

Es ist selbstverständlich, daß die bedeutendsten Konzeptionen nicht nur von *einem* Autor vertreten werden und auf ihn zu beschränken sind; insofern wäre es besser, von „Schulen" oder „Ansätzen" zu sprechen; außerdem müssen bei Zusammenfassungen gewisse Vereinfachungen (Klischees) in Kauf genommen werden, wenn ausführliche Darstellungen und Begründungen in den Didaktiken bzw. Methodiken durch ein Schlagwort gekennzeichnet werden sollen.

Nach dem Ende des 2. Weltkrieges knüpfte der Deutschunterricht zunächst an die Inhalte, Ziele und Methoden (Lehrbücher) der Zeit vor dem Nationalsozialismus (vor allem der Weimarer Republik) an. (Zur ausführlichen Darstellung der Entwicklung des Faches Deutsch vgl. die Aussagen zum Lehrbuch in diesem Band, S. 45ff.)

In den Anfangsjahren der Bundesrepublik Deutschland wurde der Deutschunterricht vor allem durch die Methodik **Robert Ulshöfers** bestimmt –

(Robert Ulshöfer, Methodik des Deutschunterrichts [Unterstufe, 1. Auflage 1963; Mittelstufe I, 1. Auflage 1952; Mittelstufe II, 1. Auflage 1957]. Stuttgart: Klett)

– eine systematische Aufarbeitung für die allgemeinbildende Schule (insbesondere des Gymnasiums). Auch als Herausgeber der Fachzeitschrift „Der Deutschunterricht" (bis 1980) hat Ulshöfer die Entwicklung des Faches maßgeblich beeinflußt. Die Konzeption seiner Methodik (vgl. Vorwort und allgemeine Grundsätze) muß aus der Perspektive der Entstehungszeit gesehen werden, wenn man die Leistung Ulshöfers kritisch würdigen will: Für ihn ist die muttersprachliche Bildung der Kern des Deutschunterrichts (Verpflichtung gegenüber . . ., Ehrfurcht vor . . ., Dienst an . . ., Begegnung mit . . ., Glauben an . . . die deutsche Muttersprache), wobei er auch besonders allgemeine Wertvorstellungen betont und sich an gesetzten Normen orientiert.

In den folgenden Neuauflagen hat Ulshöfer seine Position modifiziert und die Förderung der sprachlichen Kompetenz des einzelnen zur Betonung der Sozialisation dokumentiert. Noch heute bietet die Methodik eine Fülle von Anregungen zur Gestaltung des Deutschunterrichts.

In der Methodik **Erika Essens** – für den Deutschunterricht im Gymnasium Klasse 5–13 konzipiert –

(Erika Essen, Methodik des Deutschunterrichts. Heidelberg: Quelle & Meyer [1. Auflage 1955]) –

wird Sprache als wesentliche Voraussetzung und bedeutendes Medium menschlicher Existenz („Dasein und Handeln") definiert. Essens Darstellung lehnt sich an Bühlers Organonmodell der Sprache an, indem immer wieder auf die Zusammenhänge zwischen Absicht des Sprechers, Reaktion des Hörers und Darstellung (Beschreibung) des Sachverhaltes (Gegenstandes) für alle Arbeitsbereiche des Deutschunterrichts (mündliches Sprachverhalten, Grammatik, schriftliche Darstellungsformen, Arbeit am und mit einem Text) hingewiesen wird.

In **Hermann Helmers** Didaktik wird der Versuch deutlich, Didaktik als eigenständige wissenschaftliche Disziplin (Theorie der Lehr- und Lerninhalte) zu entwickeln:

(Hermann Helmers, Didaktik der deutschen Sprache. Einführung in die Theorie der muttersprachlichen Bildung. Stuttgart: Klett [1. Auflage 1966]).

Helmers geht vor allem vom literarischen Werk und seiner poetischen Struktur aus und strebt eine durch sachgerechte Beschäftigung mit wertvoller Literatur zu entwickelnde ästhetische Bildung an; Dichtung ist der zentrale Gegenstand des Literaturunterrichts.

Helmers formuliert vier fundamentale Kategorien der Sprachkompetenz: Sprechen (Sprachtraining, Spracherziehung); Lesen (Leselehre – laut und leise); Schreiben (Rechtschreibung, Gestaltung); Verstehen (Sprachbetrachtung, Literatur).

Unbestritten ist das Verdienst, didaktische Überlegungen mit der Begründung der Dominanz inhaltlicher gegenüber methodischer Entscheidungen für den Deutschunterricht angeregt zu haben.

Erst durch das **Bremer Kollektiv** wurde in der Bundesrepublik der technokratischen Reform des Deutschunterrichts (Beschränkung auf die Einführung neuer Stoffgebiete; neue Lesebuchkonzeptionen; erweiterter Literaturbegriff) die Diskussion von der Notwendigkeit einer **radikalen** demokratischen Reform entgegengesetzt, wobei es um die reale Kritik der Inhalte geht, damit „ein demokratisches Bewußtsein einer demokratisch werdenden Gesellschaft die demokratische Schule schaffen kann"[50].

(Bremer Kollektiv, Didaktik und Methodik des Deutschunterrichts in der Sekundarstufe I und II. Stuttgart: Metzler [1. Auflage 1974]).

In dem kritisch-emanzipatorischen (ideologiekritischen) Ansatz des Bremer Kollektivs (Hoffacker, Grünwaldt, Cordes, Ehlert, Wenzel, Lecke, Hildebrandt) wird – unter Berücksichtigung literatursoziologischer Erkenntnisse – der gesellschaftspolitische Kontext und Wirkungszusammenhang literarischer Texte (Literatur im weitesten Sinn) betont und Sprache als wesentliches Medium zur Kommunikation definiert (Schüler sollen befähigt werden, Sprache als Instrument zur Durchsetzung von Interessen zu verwenden).

Die Hauptarbeitsbereiche sind: Sprachgebrauch, Sprachgestaltung (Kommunikationsanalyse), Gebrauchstexte, Massenliteratur, Massenmedien, Literaturunterricht. Ziele, die im Deutschunterricht anzustreben und zu verwirklichen sind, können nach dem Verständnis der Bremer Didaktiker nicht aus gesetzten (normativen) Strukturen, Methoden oder aus einem System von Inhalten gewonnen werden, sondern müssen aus der Gesellschaftsanalyse entwickelt und auf ihren Beitrag zur Verbesserung der Verhältnisse überprüft werden. „Hierin liegt die unstrittige Bedeutung dieser Position einer Kritischen Didaktik, daß sie Verfahren entwickelt, die Ziele des Deutschunterrichts nicht nur immanent, sondern exmanent auf ihre tatsächliche Verwertung hin zu überprüfen [. . .]. Die allgemeine Zielsetzung hat zur Folge, daß die Inhalte Sprache und Literatur vor allem unter politischen Aspekten zu behandeln sind, und daß überhaupt nur solche Inhalte auszuwählen sind, die politische Bildung in dem angesprochenen Sinn ver-

50 Heinz Ide, Vorwort. In: Heinz Ide (Hrsg.), Bestandsaufnahme Deutschunterricht. Ein Fach in der Krise. Stuttgart: Metzler 1970, S. 7.

sprechen [. . .]. Die Zielsetzung hat auch eine Veränderung der Methoden zur Folge"[51]: Die Schüler müssen in den Prozeß der Planung, Durchführung und Analyse des Unterrichts einbezogen werden.

Um die Bedeutung und den Wandel in der Auffassung einer neuen Literaturrezeption, die dem Gegenstand und dem Adressatenkreis gerecht zu werden versucht, zu verdeutlichen, muß das Interesse auf die Funktion der Sprache und Literatur für die Entwicklung des einzelnen (Identität, Sozialisation, Emanzipation) gelenkt werden, müssen die Zusammenhänge (Biographie, historischer Kontext, Rezeption) aufgezeigt und die Kategorien des Alltags (Erfahrungswelt, Umwelt, außerschulische Interessen, Lesegewohnheiten) berücksichtigt werden.

In einem durchaus kritischen Rückblick zur Situation und zum Stellenwert der kritischen Deutschdidaktik hat ein Vertreter der Bremer Schule (Hoffacker) eingestanden, daß der Mangel aller bisher eingenommenen und vertretenen Positionen (die eigene eingeschlossen) darin besteht, „die grundlegenden *Realitäten* von Schule und Deutschunterricht weitgehend ignoriert und auf der Basis der nicht verstandenen Wirklichkeit ein Konstrukt von Wünschen und Forderungen errichtet zu haben, dessen praktisches Scheitern [Hervorhebung der Verf.] heute eingestanden werden muß"[52].

In der Theoriediskussion – das gilt auch für einen Vergleich der wichtigsten (gegensätzlichen) Positionen – darf der Blick auf die Möglichkeiten der Realisation im Unterricht aber nicht verstellt werden; Handlungsmuster müssen **realistisch** sein! „Die in der Deutschdidaktik weitverbreitete Annahme von der Durchsetzungskraft publizierter Konzepte setzt ja voraus, daß die Studenten, Referendare und Lehrer diese Konzepte nicht nur vom Hörensagen kennen, sondern auch rezipieren – und nicht nur rezipieren, sondern auch in ihren Intentionen adäquat aufnehmen, in den zentralen Aussagen akzeptieren, zum Leitgedanken ihrer eigenen Unterrichtspraxis erheben, sowie praktisch vollziehen und realisieren – was alles gar nicht so selbstverständlich ist, wenn man die Schulrealität vor Augen hat."[52a]

Der folgende Überblick soll schlagwortartig die Entwicklung und Tendenzen des Deutschunterrichts in der Bundesrepublik veranschaulichen:

51 Harro Müller-Michaels, Positionen der Deutschdidaktik seit 1949, S. 135/137.

52 Helmut Hoffacker, Zur Situation linker Deutschdidaktik heute. In: DD (1981), Heft 58, S. 150.

52a Jörn Stückrath, Vom vorgeblichen Praxisbezug und der Verselbständigung deutschdidaktischer Positionen. Anläßlich des Themenheftes „Positionen der Deutschdidaktik" (DD 58, 1981). In: Diskussion Deutsch (1981), Heft 59, S. 308.

Didaktik/ Methodik	Robert Ulshöfer	Erika Essen	Hermann Helmers	Bremer Kollektiv
Theorie	normativ-bildungstheoretisch Allgemeine Bildungsideale und Wertvorstellungen – Gesinnung – Idealismus – Harmonie **literaturpädagogisch** ←→	geisteswissenschaftlich Grundlage: Bühlers Organonmodell der Sprache – Äußerung – Darstellung – Gespräch **literarästhetisch**	gegenstandsorientiert Ansatz einer wissenschaftlich *orientierten* Fachdidaktik Literaturgattungen – Epik, Lyrik, Dramatik **formalistisch**	kritisch Ansatz einer wissenschaftlich *begründeten* Fachdidaktik aufgrund der Gesellschaftsanalyse (erweiterter Literaturbegriff) **ideologiekritisch**
Konzept	Erziehung zum Verstehen und Gestalten durch muttersprachliche Bildung **DU als Persönlichkeitsbildung**	Bildung durch Sprache als wesentliches Mittel zur Kommunikation **DU als Sprachbildung**	Bildung durch sachgerechte Auseinandersetzung mit Literatur **DU als Literaturunterricht**	Befähigung zur Teilnahme am kulturellen Leben und kritischer Analyse von Texten (Literatursoziologie) **DU als Aufklärung**
Inhalte und **Ziele**	Sprachkompetenz Klassischer Literaturkanon Dichtung als Vorbild Humanität Individualität Sozialisation des einzelnen durch Sprache	Sprachkompetenz partnerschaftliches Handeln innerhalb einer Gemeinschaft	Förderung der Fähigkeit, im mündlichen und schriftlichen Sprachgebrauch die gesellschaftlichen Kommunikationsbedingungen zu erfüllen literarische Wertung	Sprache zur Durchsetzung eigener Interessen Selbstverständnis des einzelnen fördern Relevanz **aller** Inhalte kritischer DU – Emanzipation – Mündigkeit – Mitbestimmung – Sozialisation Information und Wirklichkeit
Kritik	formal, irrational, affirmativ, elitär ←→ Anpassung an feststehende Normen und Wertvorstellungen Literatur (Dichtung) als Vorbild **Tradition**	kein Bezug zur Wirklichkeit Fehlen von zeitgeschichtlichen und soziologischen Bezügen Literatur als Schicksals-, Existenz- oder Wesensdeutung **Neutralität**	Struktur des Literaturunterrichts nach Gattungen Fehlen der historisch-soziologischen Dimension von Sprache und Literatur werkimmanente Literaturbetrachtung **Strukturalismus**	Überbetonung der gesellschaftlichen Funktion von Literatur Keine zusammenhängende, geschlossene Neukonzeption (fehlende Systematik) Zu starke Betonung der kritischen Negation des Bestehenden **Ideologiekritik**

4.4 Curriculum

Der Begriff „Curriculum" ist seit dem Zeitalter des Barock bekannt, als im Zusammenhang mit der Entdeckung der ‚didactica' Auswahl und Anordnung der Lerninhalte problematisiert wurden und man nach einem Ausdruck suchte, der das sich „Wiederholende, das Alljährliche" bezeichnete[53]. Über die Rezeption angloamerikanischer Forschung ist dieser Begriff zurückgekehrt und beherrscht vor allem die Diskussion, seitdem Saul B. Robinsohn (1967) den Begriff „Curriculum" in die pädagogische Diskussion einführte[54]. Inzwischen beschäftigt dieser Begriff die Schule, das Seminar, die Universität, die Öffentlichkeit. Curriculumrevision sei das zentrale Thema erziehungswissenschaftlicher Theoriebildung, schrieben Achtenhagen und Meyer Anfang der 70er Jahre nicht ohne Grund[55], denn nahezu jede erziehungswissenschaftliche Aussage wurde auf diese Problematik bezogen.

Zu den Rahmenbedingungen der Bildungspolitik in der Bundesrepublik Deutschland gehört ihr föderalistischer Aufbau und die damit verbundene Kulturhoheit der Länder. Die Verantwortung für Reformen (Revisionen) der Curricula liegt in der Verantwortlichkeit der einzelnen Bundesländer (Ständige Konferenz der Kultusminister seit 1948). Curriculumtheorie setzt auf die Möglichkeit, „daß Pläne für schulisches Lernen rational und diskursiv konstruiert werden können: traditionelle Verfahren der Lehrplanentwicklung werden kritisiert"[56].

Curricula (Lehrpläne) geben an, was im Unterricht einer bestimmten Klassenstufe (einer bestimmten Schulart) inhaltlich unter der Angabe der anzustrebenden Lernziele und methodischer Hinweise behandelt werden soll. In der Praxis umreißen (Rahmen-)Richtlinien, die im Auftrag des Staates (Kultusministerien) in Zusammenarbeit mit Expertenkommissionen (Fachlehrer; Repräsentanten unterschiedlicher gesellschaftlicher Gruppen) erarbeitet werden, den globalen Rahmen. Darauf aufbauend werden häufig Stoffverteilungspläne an den einzelnen Schulen (Fachgruppen) erstellt, nach denen sich der Lehrer orientieren kann.

Konsens der konkurrierenden gesellschaftlichen Interessenvertreter soll dabei nicht mehr nur auf die Präambel beschränkt bleiben, die oft so allgemeingültig formuliert wird, daß sich im Grunde jeder mit ihr identifizieren kann, sondern auch das Lernangebot, die Inhalte, der Stoffteil – also die Frage, **wie** dies erreicht werden kann –, muß diskutiert werden, und es muß versucht werden, einen Interessenausgleich anzustreben.

Robinsohn versteht Curriculum als „Bildungskanon, die Organisation der Lehr- und Erziehungsgehalte und die Methoden ihrer Vermittlung"[57].

Seine Vorstellung der **Curriculumrevision** ist dadurch gekennzeichnet, daß eine systematische und permanente Revision des Lehrgefüges notwendig ist. Er geht

53 Vgl. Herwig Blankertz, Theorien und Modelle der Didaktik, S. 117.

54 Saul B. Robinsohn, Bildungsreform als Revision des Curriculum. Neuwied: Luchterhand 1967.

55 Vgl. Frank Achtenhagen/Hilbert Meyer (Hrsg.), Curriculumrevision. Möglichkeiten und Grenzen. München: Kösel ³1971, S. 7.

56 Ingrid Haller/Manfred Schurig/Hartmut Wolf, Curriculum. In: Erika Dingeldey/Jochen Vogt (Hrsg.), Kritische Stichwörter zum Deutschunterricht. München: Fink ²1974, S. 47.

57 Herwig Blankertz, Theorien und Modelle der Didaktik, S. 163.

von der Annahme aus, daß Schule und Unterricht den Menschen für Lebenssituationen auszustatten habe, daß diese Ausstattung durch Qualifikationen erfolge, die durch Lerninhalte erworben werden können.

Ungeklärt bleibt allerdings „die Funktion einer emanzipatorisch engagierten Erziehungswissenschaft bei der Begrenzung der Aussagen der Instanzen und bei der kritischen Wichtung der in den Expertengesprächen gewonnenen Antworten. Eine dahingehende Unklarheit bleibt bestehen, weil Robinsohn sich zwar verbal für das Erziehungsziel der Mündigkeit des Subjekts ausspricht [. . .] dann aber doch nicht die Funktion dieser Zielstellung im Instanzenzug zweifelsfrei konkretisieren kann"[58].

Kritik an der gegenwärtig bestehenden Praxis der Curriculumentwicklung wird vor allem in folgenden Punkten artikuliert:

- Zweifel an der Wirksamkeit der Lehrpläne,
- mangelnde Operationalisierbarkeit der Lernziele,
- nicht zu überprüfende gesellschaftliche Relevanz der Inhalte, Themen, Ziele,
- Unzulänglichkeit der Arbeit und Zusammensetzung von Lehrplankommissionen,
- Ideologisierung[59].

Fraglich bleibt aber auch, ob die in der Auseinandersetzung um die Curriculumentwicklung hervortretenden Tendenzen, die aus der Zielgewinnung eine zweckrationale Konstruktion von Unterricht erstreben, die Umsetzung in das Unterrichtsgeschehen leisten können[60].

Obwohl die Gefahren und die begrenzte Wirkung von **„Modellen"** nicht zu leugnen sind, soll versucht werden, auf der Grundlage der Theoriediskussion ein entsprechend differenziertes Modell für die Unterrichtsvorbereitung zur Verfügung zu stellen, das in der Unterrichtspraxis Verwendung finden kann[61]; es gilt also, die notwendige Transformation der wissenschaftlichen Theoriediskussion vorzunehmen, damit der Lehrer im Unterricht seine ihm notwendig erscheinenden Folgerungen daraus ziehen kann, denn die Schule ist der Ort, an dem „die ungelösten Fragen der didaktischen Gesamtsituation als konkret zu lösende Lehr- und Lernprobleme auftreten"[62].

Es ist nicht daran gedacht, über die Analyse der einzelnen Strukturglieder des Unterrichts ein neues, starres Stufenschema – gar als Wertmaßstab – zu verordnen; das widerspräche auch allen didaktischen und lernpsychologischen Einsichten der Gegenwart[63].

---

58 Herwig Blankertz, Theorien und Modelle der Didaktik, S. 173.

59 Hans Albrecht Hesse / Wolfgang Manz, Einführung in die Curriculumforschung. Stuttgart: Kohlhammer ²1972 = Urban Taschenbücher 150, S. 25 ff.

60 Zur angesprochenen Problematik vgl. auch: Wolf Rüdiger Minsel (Hrsg.), Curriculum und Lehrplan. München: Urban & Schwarzenberg 1978 = Studienprogramm Erziehungswissenschaft 2 und Wolfgang Hörner / Dietmar Waterkamp, Curriculum-Entwicklung im internationalen Vergleich. Weinheim: Beltz 1981.

61 Obwohl fachdidaktische Komponenten einbezogen sind, ist es möglich, die Darstellung als so allgemeingültig anzusehen, daß sie auch fächerübergreifend verstanden werden kann.

62 Paul Heimann, Didaktik 1965, S. 9.

63 Vgl. Gerd Frank, Kriterien für die Analyse des Deutschunterrichts. In: DU 22 (1970), Heft 2, S. 87.

„Notwendig sind, gerade im Blick auf Curriculum und schulform- und fächerübergreifende Bestrebungen, Unterrichtsmodelle, die die Faktorenkomplexion des Deutschunterrichts und seine besonderen Aufgaben beachten."[64]

Lehrproben, Unterrichtsmodelle, Stundenverläufe können dazu beitragen, notwendige Sachinformationen zu geben, didaktische Begründungen und methodische Hinweise zu liefern, die jedoch im einzelnen **immer** auf die spezifischen Bedingungen der Klasse übertragen werden müssen.

4.5 Modell der Unterrichtsvorbereitung

Auf die allgemeine Problematik eines Modells ist bereits mehrfach hingewiesen worden; wir sehen im **Modell der Unterrichtsvorbereitung** die „(Re-)Konstruktion von Unterrichtswirklichkeit, die wichtige Strukturelemente des Unterrichts nachbildet"[65], prinzipiell aber verifikationsbedürftig ist, was nur durch die praktische Erprobung des Modells im Unterricht möglich ist, wenn es immer wieder **neu** in Frage gestellt und (alternativ) verwendet wird.

Das Schaubild **Modell der Unterrichtsvorbereitung**[66] wurde in Anlehnung an die Bedingungen entworfen, die Heimann/Otto/Schulz[67] an die Unterrichtsvorbereitung stellen und Müller[68] in seinem informativen und die Modelle der Unterrichtsvorbereitung systematisierenden Aufsatz zu einer – unter Berücksichtigung fachspezifischer Faktoren – übersichtlichen Skizze entwickelt hat.

Das Modell ist aufgrund der vielen Neuerscheinungen und eigener Erkenntnisse im Studienseminar modifiziert und für die Praxis im Deutschunterricht so gestaltet, daß es als Grundlage bzw. Ausgangspunkt für eigene Konzeptionen (Lehrproben, Unterrichtsmodelle, Stundenverläufe [Unterrichtsskizzen]) verarbeitet werden kann:

---

64 Helmut Fischer, Planung, S. 63.

65 Harro Müller-Michaels, Positionen der Deutschdidaktik seit 1949, S. 231.

66 Die Interdependenzen der in der Analyse des Unterrichts zu leistenden Reflexionsvorgänge soll das Schaubild optisch verdeutlichen, ohne den Anspruch zu erheben, alle möglichen Aspekte erfassen zu können.

67 Vgl. Heimann/Otto/Schulz, Unterricht.

68 Vgl. Harro Müller, Modelle der Unterrichtsvorbereitung im Fach Deutsch, S. 59–80.

Modell der Unterrichtsvorbereitung

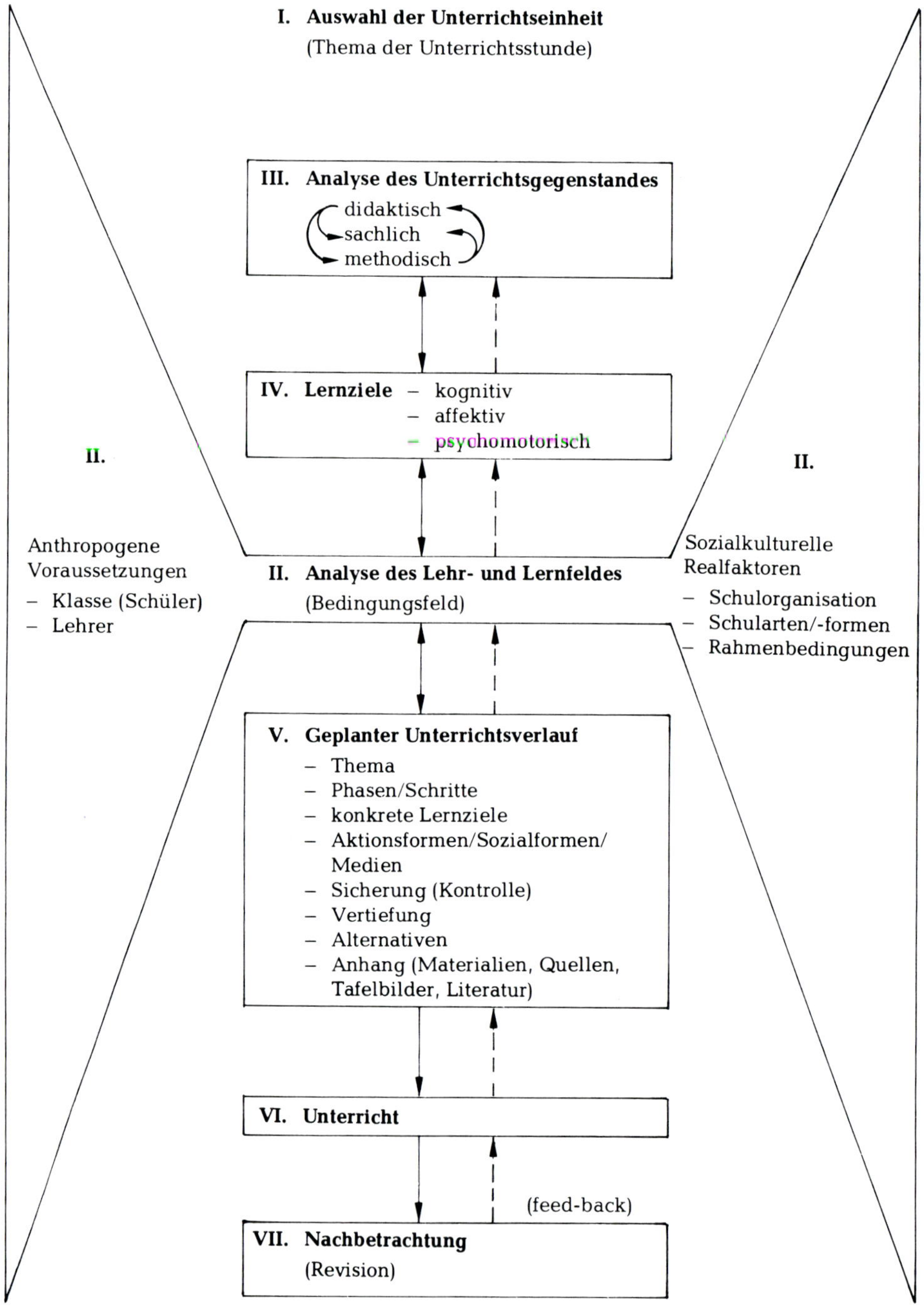

1. Aus dem von Markefka und Nauck[69] dargestellten konzeptuellen Schema für das unterrichtstheoretische Modell der Literaturdidaktik wurde die uns bedeutsam erscheinende detailliertere Analyse der Bedingungsfelder des Unterrichts
   - anthropogene Voraussetzungen und
   - sozialkulturelle Realfaktoren

   unter Hinzufügung eines Strukturschemas der Lernziele für die kognitive, affektive (kreative) und psychomotorische (instrumentale) Dimension übernommen;
2. auf die weitergehende Differenzierung von Sozialisation – Enkulturation – Personalisation[70] wird verzichtet, da sich die Bereiche nicht nur gegenseitig ergänzen, sondern eine Überprüfung (z.B. der Enkulturation) in jedem Einzelfall durch den Lehrer in der Praxis oft nicht geleistet werden kann;
3. Unterricht wird als ein Prozeß und als ein Vorgang von größter „Faktorenkomplexion" angesehen; in einer demokratischen Gesellschaft kann ein Konzept nur als ein offenes, der Emanzipation und Kritik verpflichtetes, nicht aber ein normatives, programmatisch und inhaltlich festgelegtes System sein, dessen Entscheidungen an realen Fakten und wissenschaftlichen Erkenntnissen zu orientieren und zu überprüfen sind – mit der Möglichkeit zur Revision.

Bei der Anwendung des allgemein gehaltenen Modells zur Unterrichtsvorbereitung sollten die folgenden Kriterien Berücksichtigung finden, wobei drei grundlegende Prinzipien zu beachten sind:

– Prinzip der Interdependenz	(widerspruchsfreie Wechselwirkungen der Planungsmomente),
– Prinzip der Variabilität	(Mitbestimmung und Mitgestaltung durch Schüler),
– Prinzip der Realisierung	(Verwirklichung der Lehr- und Lerninhalte, Lernziele)[71].

4.5.1 Auswahl der Unterrichtseinheit (Thema der Unterrichtsstunde)

Die geplante Unterrichtsstunde sollte immer in den Zusammenhang eines größeren Problembereiches – einer Unterrichtseinheit (UE) – gestellt sein. (UE ist ein in sich zusammenhängender, gut überschaubarer Lernstoff [Thema, Inhalt], der nicht an eine bestimmte Zeitvorgabe [eine Unterrichtsstunde] gebunden ist.)

Die Darstellung der bestimmenden Faktoren soll einen möglichst allgemeinen Überblick über die Implikationen und Zusammenhänge ermöglichen. Konkrete Beispiele für die wichtigsten Themen des Deutschunterrichts erfolgen im Rahmen der Reihe **Deutschunterricht**. Lehrproben. Unterrichtsmodelle. Stundenverläufe [Epik, Lyrik, Dramatik, Sachtexte]. Rinteln: Merkur 1981 f.

Die Auswahl des konkreten Themas der Unterrichtsstunde ist von den vorangegangenen und den folgenden Stunden abhängig.

---

69 Vgl. Manfred Markefka/Bernhard Nauck, Zwischen Literatur und Wirklichkeit. Zur Kritik der Literaturdidaktik. Theoretische Probleme eines Fachunterrichts. Neuwied: Luchterhand 1972 = Luchterhand Arbeitsmittel, S. 63–86.

70 Vgl. Markefka/Nauck, Zwischen Literatur und Wirklichkeit, S. 71 f.

71 Vgl. Wolfgang Schulz, Unterricht – Analyse und Planung. In: Heimann/Otto/Schulz, Unterricht, S. 45 ff.

4.5.2 *Analyse des Lehr- und Lernfeldes* (Bedingungsfelder)

Bei der Analyse des Lehr- und Lernfeldes sind vor allem erziehungswissenschaftliche, psychologische und soziologische Faktoren zu berücksichtigen, um die Bedingungsfelder des Unterrichts sachgerecht analysieren zu können. Die *anthropogenen* und *sozialkulturellen* Faktoren sollten als eine Einheit verstanden werden; erst in ihrer engen Verflochtenheit geben sie ein realistisches Abbild der schulischen Wirklichkeit[72].

Anthropogene Voraussetzungen

Unter den **anthropogenen Voraussetzungen** ist die Vorgeprägtheit der Schüler – ihre entwicklungsbedingte Situation – zu verstehen (Anlage, Milieu, Elternhaus, Vorbildung, Ausbildungsstand, Erfahrungen, Alter, Geschlecht, Stand der Sozialisation, Probleme des einzelnen).

Klasse (Schüler)

Die Klasse ist das soziale System, in dem der Lehr- und Lernprozeß vollzogen wird: Ihre Zusammensetzung ist ein prägender Faktor für den Unterricht und muß daher bei der Vorbereitung in die Überlegungen zur Gestaltung der Stunde eingehen. Das gilt in besonderem Maß bei der Übernahme einer Klasse und nach Veränderungen im Klassengefüge.

Folgende Übersicht kann in kurzer und anschaulicher Form über die Zusammensetzung der Klasse nach alters- und geschlechtsmäßigen Merkmalen Aufschluß geben:

Alter / Geschlecht	Jahrgänge			Gesamt
Mädchen				
Jungen				
Gesamt				

Ebenso kann nach dem Berufsstand der Eltern, wenn man ihn als ein Kriterium der gesellschaftlichen Stellung (soziale Schicht) betrachtet, verfahren werden:

Eltern / Berufsstand	Vater	Mutter

72 Vgl. Hermann Speth, Empfehlungen für die Planung des Unterrichts. In: Hermann Speth (Hrsg.), Zur Planung von Lehreinheiten in kaufmännischen Schulen, Bd. 2: Allgemeinbildende Fächer. Rinteln: Merkur 1978 = Merkurbuch 0368, S. 7–31.

Wichtig ist dabei vor allem, aus den Bedingungen und vorgegebenen Faktoren didaktische und methodische Schlußfolgerungen zu ziehen[73]:

- Homogenität/Heterogenität (Alter, Geschlecht),
- Vorbildung (vorherige Schulorganisation, Entwicklungsstand, Wiederholer),
- Fachklasse (Schulart/Schulform: Tagesschule, Blockunterricht, Betriebszugehörigkeit),
- Sozialstruktur (Elternhaus, Beruf, Status, Einstellung der Eltern),
- Leistungsstand (mündlich – schriftlich; Klassenarbeiten, Tests),
- Leistungsfähigkeit/Leistungsbereitschaft (aktiv, passiv, engagiert, qualifiziert),
- Disziplin (Kooperation, Rivalität, Obstruktion, Gruppe, Rolle, Interaktion, Freundschaft, Liebe),
- Freizeitverhalten (Hobbys . . .),
- Problemschüler (Ausländer, Behinderung, Individualität, häusliche Verhältnisse),
- Sprache [Kommunikationsbereitschaft, -fähigkeit]
  (– schichtenspezifische Ausprägungen des Sprachverhaltens
  – Prägungen durch sprachliche Anforderungen der Ausbildungssituation [Fachsprache]
  – regional bedingte Besonderheiten des Sprachverhaltens [Soziolekt/Dialekt]
  – Wortschatz, Regelsystem, Symbolik).

Lehrer

Zum Unterricht gehört ebenso der Lehrer, der mit unterschiedlichen Anlagen und Erfahrungen vorgeprägt ist:

- Tätigkeit (Zeitdauer der Beschäftigung in der Klasse [Schule]),
- Funktion (Klassenlehrer, Fachlehrer [für mehrere Fächer], Vertrauenslehrer, Tutor, Mentor, Ausbildungslehrer, Fachleiter, Fachgruppe),
- Unterrichtseinsatz (Einzelstunde, weitere Fächer in der Klasse, Nachmittagsunterricht),
- Ausbildungsstand (fachwissenschaftlicher Informationsstand, fachfremder Unterricht),
- Bezug zum Stoff (Praxiserfahrungen, Interessengebiete, Veröffentlichungen),
- Verhältnis zu den Schülern (Interaktionsstil: autoritär, demokratisch, kooperativ, sach- oder schülerorientiert),
- Verhältnis zum Kollegium (Klassenlehrer, Fachkollegen, Referendar),
- Sprache (Kommunikationsfähigkeit, Übereinstimmung/Diskrepanz zwischen Sprachverhalten des Lehrers und der Schüler, Fremdwörter).

Sozialkulturelle Realfaktoren

Bei den **sozialkulturellen** Realfaktoren sind die gesellschaftlichen Bedingungen (Umwelt), die Wechselwirkungen Gesellschaft – Eltern – Schule – Schulbehörde zu berücksichtigen.

---

73 Zu den Bedingungsfeldern des Unterrichts vgl. auch: Wolfgang Kramp, Hinweise zur Unterrichtsvorbereitung für Anfänger. In: Heinrich Roth/Alfred Blumenthal (Hrsg.), Didaktische Analyse. Hannover: Schroedel 1964 = Auswahl Reihe A 1, S. 39f.

Schulorganisation

Die verschiedenen Schularten in ihren Fachrichtungen sind zu kennzeichnen:

Im **allgemeinbildenden** Schulwesen sind folgende Arten zu unterscheiden:

Elementarbereich	– Vorschule	
	– Grundschule	
Sekundarstufe I	– Hauptschule	Orientierungsstufe
	– Realschule	
	– Gymnasium (Unterstufe)	
	– Gymnasium (Mittelstufe)	
	– Gesamtschule	
	– Sonderschule	
Sekundarstufe II	– Gymnasium (Oberstufe)	
	– Abendgymnasium	
	– Gesamtschule	
	– Kolleg	

Im **berufsbildenden** Schulwesen sind die einzelnen Arten von signifikanter Bedeutung (Auszubildende bereits im Berufsleben; gesellschaftliche Stellung; Jugend- und Erwachsenenwelt).

Fachrichtungen	**Schularten**		**Schulformen**
– kaufmännisch/verwaltend	– BVJ	Sek. II	– Tagesschule (Vollzeitschule)
– gewerblich/technisch	– BGJ		– Teilzeitschule
– hauswirtschaftlich	– BS		– Blockunterricht
– landwirtschaftlich	– BFS		– einjährig/mehrjährig
– sozialpädagogisch	– BAS		
	– HH		
	– FOS		
	– Gym		

Weitere Bedingungen sind durch die Ausstattung der einzelnen Schulen und den vorgegebenen Rahmenplan festgelegt:

Ausstattung	**Rahmenplan**	
– Schulgebäude (Lage)	– (Rahmen-)Richtlinien	(Kultusministerien der Bundesländer)
– Klassenzimmer (Wanderklassen)	– Empfehlungen	
– Funktionsräume (Sprachlabor)	– Handreichungen	
– Lernmittel (z. B. Klassensätze von Lehrbüchern)	– Curricula (Lehrpläne)	
– Medien	– Stoffverteilungspläne	(Schule)
– Bibliothek		
– Freizeiteinrichtungen		

Vorstehende Überlegungen sind vor allem beim Eintritt in die Schule bzw. bei der Übernahme einer Klasse zu bedenken. Die Bereitschaft zur Information, Ergänzung, Korrektur von Daten bei Veränderungen im Klassengefüge ist notwendig. Die Erfassung und Berücksichtigung **aller** Daten ist nicht immer leicht (und auch nicht immer notwendig); in der Praxis beschränkt man sich oft auf die Durchsicht des Klassenbuches, die Schülerkartei; aber auch Informationen durch Kollegen und/oder Befragungen der Schüler (Lebenslauf, Fragebogen, Vorstellungsgespräche bei Unterrichtsbeginn) sind denkbar.

Oft nur auf intuitiver Einschätzung beruhende Aussagen über Schüler sollten von Zeit zu Zeit durch entsprechende Recherchen überprüft werden[74].

4.5.3 Analyse des Unterrichtsgegenstandes

Im Mittelpunkt der Unterrichtsvorbereitung steht die **Analyse des Unterrichtsgegenstandes**. Sie kann als Entwicklung eines Modells mit didaktischer Analyse, sachlicher (sprachlich/literarisch) Untersuchung und methodischen Alternativen verstanden werden[75].

Überlegungen, eine Reihen- bzw. Rangfolge aufzustellen, sind für die Praxis unergiebig, da die Analyse des Unterrichtsgegenstandes sowohl unter didaktischen, sachlichen als auch methodischen Gesichtspunkten – meistens *gleichzeitig* und *gleichrangig*, weil sie sich untereinander bedingen – erfolgt[76].

Im Deutschunterricht stellt sich die sachgerechte Vermittlung der deutschen Sprache und Literatur als Lehr- und Lernziel. „Wo die Sache allein mit ihrer Eigengesetzlichkeit vermittelt wird, kommt seine Valenz als Bildungsgegenstand und Thema und Ziel eines Unterrichtsprozesses nicht in den Blick. Und in dem Maße schließlich, in dem der sprachliche oder literarische Gegenstand zum Thema des Unterrichts wird, stellt sich auch die Frage nach den Wegen der Vermittlung. Inhaltliche Fragen werden unmittelbar mit methodischen Fragen verbunden."[77]

4.5.3.1 didaktisch

Struktur, Leistung und Wirksamkeit der Unterrichtsinhalte werden von der Didaktik in Abstimmung mit den Erkenntnissen der Fachdisziplin für den **Unterricht** bereitgestellt, so daß dem Lehrer Entscheidungen über Inhalte, konkrete Lernziele und Methoden – entsprechend den realen Bedingungen in der Klasse – ermöglicht werden. Die Didaktik kann aber immer nur „den Plan, den Entwurf, die Partitur für die Ausführung im konkreten Unterricht"[78] bieten.

---

74 Vgl. Ernst Nündel, Kompendium Didaktik Deutsch, S. 95.

75 Vgl. Harro Müller-Michaels, Unterrichtsvorbereitung. In: Karl Stocker (Hrsg.), Taschenlexikon Bd. 2, S. 555.

76 Die Frage nach der Reihen- bzw. Rangfolge stellt sich nicht mehr; der Streit um das Primat der Didaktik gehört in die Vergangenheit der Geschichte der Pädagogik. Vgl. dazu Gerd Frank, Kriterien für die Analyse des Deutschunterrichts. In: DU 22 (1970), Heft 2, S. 84;

Harro Müller, Modelle der Unterrichtsvorbereitung im Fach Deutsch, S. 69 ff.;

Barbara Schuber-Felmy, Schülerrezeption und Unterrichtsplanung. Der Lehrer als Vermittler zwischen Schüler und Text. In: DU 31 (1979), Heft 6, S. 98.

77 Harro Müller, Modelle der Unterrichtsvorbereitung im Fach Deutsch, S. 69.

78 Harro Müller-Michaels, Deutschunterricht. In: Karl Stocker (Hrsg.), Taschenlexikon Bd. 1, S. 62.

7 Goette – ISBN 3-8120-0342-2

Die Sachanalyse unter *didaktischer* Fragestellung untersucht den Unterrichtsgegenstand (Text) unter dem Aspekt der **Bedeutung für den Unterricht** (Intention, Zielsetzung) und unter Berücksichtigung des anzusprechenden Adressatenkreises (Verständnis, Auswirkung, Reaktion bei den Schülern).

Bei den Überlegungen der *didaktischen* Zusammenhänge gilt es also, den jeweiligen Unterrichtsgegenstand (Text) in Beziehung zum Unterricht und zum Schüler zu setzen; dabei sind folgende Faktoren zu bedenken und zu berücksichtigen:

- Stoffauswahl,
- Stoffabgrenzung,
- Sachzusammenhänge,
- Stellung des Unterrichtsgegenstandes im Lehrplan,

wobei die Bedeutsamkeit des Unterrichtsgegenstandes – und mit ihm verbundene Fragestellungen – für den Schüler (die Klasse) immer als wesentlicher Aspekt in die Überlegungen einfließt.

4.5.3.2 sachlich

Unterricht ohne genaue Kenntnis der **Inhalte** des Unterrichtsgegenstandes ist nicht möglich. Die genaue Kenntnis der *sachlichen* Zusammenhänge und Gegebenheiten ist die Grundlage für alle mit dem Unterrichtsgegenstand verbundenen Überlegungen.

Der Lehrer muß um umfassende Information über den von ihm in einer didaktischen Vorentscheidung ausgewählten Unterrichtsgegenstand (Stoff, Thema, Inhalt) bemüht sein; dabei sind zu untersuchen

- Beschreibung des Gegenstandes (Strukturskizze) unter Berücksichtigung fachwissenschaftlicher Erkenntnisse (letzter Stand der Forschung),
- Darstellung der Einzelheiten (Differenzierungen),
- Beziehungen zu angrenzenden Fachbereichen (Polyvalenz),
- Möglichkeiten und Notwendigkeiten zur Elementarisierung,
- kritische Auseinandersetzung mit Lehrplänen, Unterrichtsmaterialien, fachwissenschaftlicher Literatur[79].

Eine intensive, aussagekräftige fachwissenschaftliche Sachanalyse begnügt sich nicht mit einer Aufzählung von Positionen, Sachverhalten und Inhalten, sondern setzt sich **kritisch** mit ihnen auseinander, um zu Erkenntnissen zu gelangen.

4.5.3.3 methodisch

Die **Methode** (methodos = einer Sache nachgehen) ist die Festlegung der Verfahrensweise, mit der ein Unterrichtsgegenstand (Text) erkannt und begriffen werden soll (Lernorganisation). Dabei handelt es sich um die von dem Lehrenden einzusetzenden externen Bedingungen des Lernprozesses, von denen er erwartet, daß sie die gewünschten Lernwirkungen bei den Schülern herbeiführen[80].

---

79 Vgl. Jürgen Gidion/Hans Paul Bahrdt, Praxis des Deutschunterrichts. Überlegungen und Materialien. Göttingen: Vandenhoeck & Ruprecht 1973 = Kleine Vandenhoeck-Reihe 378 S, S. 7f.

80 Vgl. Peter Hagmüller, Einführung in die Unterrichtsvorbereitung. Düsseldorf: Schwann 1980, S. 72.

Kreatives, weiterführendes Lernen in der Schule setzt die Bereitschaft zum **Dialog** mit den Schülern voraus: Die Frage, **wie** (mit welchen Methoden) in der Unterrichtsstunde vorgegangen werden soll, um ein Ziel zu erreichen, kann nicht *schematisch* beantwortet werden. Der Lehrer wird immer wieder neu nach dem geeigneten Weg suchen müssen.

Die *ideale* Methode gibt es nicht; es können nur bestimmte Faktoren berücksichtigt werden, damit eine gewisse Variationsbreite erreicht wird:

- Vermeidung des Methodenmonismus,
- jede Methodenwahl bedeutet, daß sie Vorteile und Nachteile in sich birgt,
- Methoden*wechsel* hilft, Vor- und Nachteile der einzelnen Entscheidung abzubauen.

Für die Entscheidung eines bestimmten methodischen Vorgehens können folgende Fragen hilfreich sein[81]:

- Wie spricht sie [die Methode] möglichst viele Schüler an und beschäftigt sie (Aktivierung)?
- Wie veranschaulicht sie den Lehrgegenstand (Verständnishilfe)?
- Wie entspricht die gewählte Methode meinen Fähigkeiten als Lehrer (anthropologische Voraussetzung)?
- Wie rasch führt sie zum gesteckten Lernziel (Lerneffizienz)?
- Wie spricht sie menschliche Grundbedürfnisse wie Spieltrieb, Experimentierfreude, Neugier, gelegentlich auch den Sammeltrieb an (Motivation)?
- Wie berücksichtigt die gewählte Methode den Schüler als Leser oder als natürlichen Sprachteilnehmer?
- Wieviel Freiraum für Kreativität läßt die Methode dem Schüler?

Einzelne Möglichkeiten des methodischen Vorgehens werden im Zusammenhang mit dem geplanten Unterrichtsverlauf (Abschnitt 4.5.5., S. 102) vorgeschlagen.

Die didaktischen Überlegungen, die sachliche (sprachlich/literarische) Analyse und die methodischen Entscheidungen sind immer im Dreiklang zu treffen; für die Unterrichtsvorbereitung im Fach Deutsch ist der Dreischritt weitgehend maßgeblich geworden, wobei die Reihenfolge nicht als Rangfolge zu verstehen ist. Die Einzelfaktoren der dreistufigen Analyse sollten als Einheit verstanden werden.

4.5.4 Lernziele

In jedem Unterricht werden bestimmte Absichten (Ziele) verfolgt; zur Unterrichtsvorbereitung gehört es, **anzustrebende Lernziele** herauszuarbeiten, die möglichst konkret Kenntnisse und Verhaltensweisen (Fertigkeiten, Fähigkeiten, Qualifikationen) festlegen.

---

81 Guido Karutz/Wolfgang Schulte, Hilfen für erste Deutschstunden. Planung. Durchführung. Analyse. Arbeitshilfen. Stuttgart: Klett 1979, S. 37.

Lernziele sind sprachlich formulierte Vorstellungen über gewünschte Verhaltensdisposition eines Lernenden[82]. Da Lernen auch ein sozialer Vermittlungsprozeß ist, „in dem die Lernenden sich unter bestimmten Bedingungen mit Aspekten der Realität auseinandersetzen, in dem sie sich Realität aneignen"[83], müssen Lernziele so ausgewählt und formuliert werden, daß eine Auseinandersetzung mit der Realität möglich wird.

Lernzielformulierungen werden durch didaktischen Rekurs einerseits, die allgemeinen Wertvorstellungen einer Gesellschaft andererseits und aufgrund neuerer Erkenntnisse der Fachwissenschaft gewonnen.

Wesentlich mitentscheidend für den Erfolg von Lernprozessen ist eine klare Vorstellung von den Lernzielen und der Art ihrer Operationalisierung und der Kontrolle, die darüber Auskunft gibt, in welchem Umfang und in welcher Qualität die Lernziele erreicht worden sind.

Daß dem Unterricht Zielbeschreibungen zugrunde liegen müssen und sich die Zweckmäßigkeit aller unterrichtlichen Maßnahmen am besten von den Zielen her beurteilen läßt, ist heute weitgehend unbestritten[84], obwohl gerade Ergebnisse des Deutschunterrichts oft nicht unmittelbar am Ende einer Stunde (oder einer UE) Veränderungen des Schülerverhaltens zeigen.

Die Diskussion um die Lernziele hat in den letzten Jahren zu einer Vielzahl von Definitionen und Klassifizierungsversuchen (Dimensionierungen) geführt.

Für die Erarbeitung von Lehrproben, Unterrichtsmodellen und Stundenverläufen ist es ratsam, zunächst allgemeine Lernziele (Lernziele 1. Ordnung/Richtziele/Grobziele) zu formulieren, die – theoretisch reflektiert – der kognitiven, affektiven und psychomotorischen Dimension zugeordnet werden können. Bei dem Versuch der konkreten Operationalisierung wird man in der Praxis schnell feststellen, daß die Abgrenzung oft schwierig ist und ein Erreichen – wenn überhaupt – oft nur in längeren Zeiträumen (z. B. für eine oder mehrere UE) möglich ist.

Taxonomie nach den Lernbereichen

kognitive Dimension (nach Bloom 1956)	*affektive* Dimension (nach Krathwohl 1964)	*psychomotorische* Dimension (nach Dave u. a. 1973)
1. Wissen	1. Aufnehmen	1. Imitation
2. Verstehen	2. Reagieren	2. Manipulation
3. Anwenden	3. Werten	3. Präzision
4. Analyse	4. Wertordnung	4. Handlungsgliederung
5. Synthese	5. Wertcharakteristik	5. Naturalisierung
6. Bewertung		

82 Vgl. Hilbert L. Meyer, Trainingsprogramm zur Lernzielanalyse. Königstein: Athenäum ^{9}1979 = AT 3101, S. 32.

83 Gisela Wilkending, Lernziel. In: Kritische Stichwörter zum Deutschunterricht, S. 193.

84 Vgl. H. Melzer / W. Seifert, Theorie des Deutschunterrichts, S. 155.

Von großer Bedeutung für den praktischen Unterricht sind aber die **konkreten Lernziele** (Feinziele), die in der Stunde verwirklicht werden sollen. Der Lehrer muß die Frage beantworten, was der Schüler im einzelnen nach erfolgtem Unterricht können soll (welche Qualifikationen er erworben haben muß), um zu beweisen, daß er dem Gang der Stunde folgen konnte. Diese Feinziele können im geplanten Unterrichtsverlauf den einzelnen Phasen bzw. Schritten zugeordnet (oder auch insgesamt vorangestellt) werden.

Im Zusammenhang mit dem konkreten ausgewählten Unterrichtsstoff, didaktischen Überlegungen, einer eingehenden Sachanalyse und den zu treffenden methodischen Maßnahmen ist eine sinnvolle Formulierung der anzustrebenden Lernziele möglich. Eine lückenlose und unstrittige Ableitung von Feinzielen aus allgemeinen Lernzielen ist jedoch nicht möglich (Deduktionsproblematik).

Für die Formulierung konkreter, im Unterricht zu realisierender Lernziele können folgende Vokabeln (Verben) zur Beschreibung der Lernziele in den drei Lernbereichen hilfreich sein[85].

Konkrete Lernziele

kognitiv

1. Wissen	2. Verstehen	3. Anwenden	4. Analyse	5. Synthese	6. Bewertung
wiedergeben aufzählen nennen (kennen) darstellen aufzeigen angeben bezeichnen begründen	beschreiben erläutern erklären interpretieren erörtern verdeutlichen (erkennen) einordnen kennzeichnen	lösen durchführen verwenden berechnen anwenden	ableiten analysieren unterscheiden ermitteln aufdecken gliedern bestimmen identifizieren vergleichen zuordnen	entwerfen entwickeln verfassen kombinieren konstruieren vorschlagen planen erarbeiten	bewerten beurteilen bemessen entscheiden auswählen kritisieren folgern
			anwenden, lösen, übertragen, durchführen		

affektiv

1. Aufnehmen	2. Reagieren	3. Werten	4. Wertordnung	5. Wertcharakteristik
aufnehmen aufmerksam werden bewußt werden akzeptieren interessieren	bereit sein, etwas – auszuführen – anzuhören – zu beachten – zu vergleichen – zu befolgen – beizutragen einwilligen	Werte – akzeptieren – bevorzugen vertrauen überzeugt sein fühlen empfinden	Werte – strukturieren – vergleichen – abwägen – organisieren	übereinstimmen revidieren (verändern) generalisieren integrieren

85 Vgl. Rolf Dubs / Christoph Metzger / Hans Seitz, Modell einer lernzielorientierten Unterrichtsplanung. In: Die Deutsche Berufs- und Fachschule 73 (1977), Heft 8, S. 572ff.

Lernziele und Lernzielkontrollen. In: Deutscher Bildungsrat. Empfehlungen der Bildungskommission. Strukturplan für das Bildungswesen. Stuttgart: Klett ²1972. S. 78–87.

psychomotorisch

1. Imitation	2. Manipulation	3. Präzision	4. Handlungsgliederung	5. Naturalisierung
nachahmen abschreiben übernehmen übertragen	Anweisungen – befolgen – ausführen Handlungen – ausüben	Handlungen – steuern reproduzieren	Handlungen – koordinieren – strukturieren – gleichzeitig ausführen Übereinstimmung herstellen	Handlungen – von selbst ablaufen lassen – unbewußt ausführen

4.5.5 *Geplanter Unterrichtsverlauf*

Der geplante Unterrichtsverlauf ist – in geordneter Darstellung – eine Zusammenfassung der geleisteten Vorarbeiten und stellt so eine angemessene Übersicht wichtiger im Unterricht zu berücksichtigender Faktoren dar. (Alternativen können in Klammern angedeutet werden.)

Entwürfe, wie sie vor allem der junge Lehrer während der 2. Ausbildungsphase erarbeitet, **können** zur wissenschaftlich fundierten Stundenplanung beitragen, sollten jedoch nicht normiert werden. Abweichungen sind immer dann gerechtfertigt, „wenn dadurch eine größere kommunikative und kognitive Aktivität und Effektivität erreicht werden kann"[86].

Unterrichtsplanung im Deutschunterricht muß variabel gestaltet werden; man muß mit Alternativen rechnen, die sich aus dem Verhalten der Schüler oder anderen situativen Momenten ergeben können.

Der Lehrer erstellt eine Phasenstruktur der Unterrichtsstunde, wobei er ihre Abfolge in Schritten anordnet, so daß der Schüler zu einem nachzuvollziehenden, überprüfbaren, adäquaten Verständnis des Problems gelangen kann (Ausgang [Motivation] – Auseinandersetzung – Assimilation – Kritik).

Auf eine differenzierte Zeiteinteilung kann verzichtet werden[87]; eine Minutenaufteilung ist unwichtig, von Bedeutung ist nur eine sinnvolle Aufteilung (Schwerpunktsetzung) der Einzelelemente einer Unterrichtsstunde, die auf 40 Minuten angelegt sein sollte und dem Schüler genug Zeit läßt, die einzelnen Schritte zu bewältigen.

In einem **Anhang** werden die Materialien gesammelt, die im Unterricht zum Einsatz kommen, die Anmerkungen aufgeführt und Angaben zu weiterführender Literatur gemacht:

- Tafelbild/Tafelanschrieb,
- Materialien (Texte, Arbeitsblätter, Folien),
- Anmerkungen (Verfasser, Titel, Erscheinungsort, Verlag, Auflage, Erscheinungsjahr, Reihe, Seite),
- weiterführende Literatur (evtl. kurz kommentiert).

---

86 Bernhard Sowinski, Methodik des Deutschunterrichts. In: Bernhard Sowinski (Hrsg.), Fachdidaktik Deutsch, S. 44.

87 Allein die Frage der ersten Konfrontation der Schüler mit einem Text (Lesen in der Klasse – laut oder leise, gemeinsam oder allein; Vortrag durch den Lehrer; Vorbereitung als Hausaufgabe; Vermittlung durch ein Medium – ergänzend oder ausschließlich) erfordert einen variablen Zeiteinsatz.

Geplanter Unterrichtsverlauf (allgemein)

Thema der Unterrichtsstunde

Phasen/ Schritte	**Unterrichtsgegenstand**	**[konkrete Lernziele]**	**Aktionsformen/ Sozialformen/Medien**
1 1.1 1.2	**Problemfindung** (Eröffnung, Einstieg, Einstimmung, Hinführung zum Thema, Motivation)		
[2] **2** 2.1 2.2 **3** 3.1 3.2	**Problemerarbeitung** **[Problemerörterung]** **Problemvertiefung**		
4 4.1 4.2	**Problemauseinandersetzung** (Diskussion, Kritik, Alternativen, Lösungsversuche, Transfer)		
5 5.1 5.2	**Problemwiederholung** [Didaktische Reserve] (Lernzielkontrolle, Hausaufgabe)		

Aktionsformen des Lehrens und Lernens

Durch die Wahl von Aktionsformen wird die Art des Vorgehens, das Tätigwerden im Unterricht festgelegt; sie geben an, wie der Kommunikationsprozeß zwischen Lehrendem und Lernenden organisiert werden soll. Mit dem jeweiligen Lehrverfahren wird z.B. festgelegt, ob stärker *lehrer*zentriert (darstellend) oder *schüler*zentriert (erarbeitend/entdecken-lassend) vorgegangen wird; die Hauptlehrverfahren lassen sich wiederum differenzieren; so kann z.B. das **darstellende** Verfahren mehr *vortragend* oder *demonstrierend* erfolgen, bei den erarbeitenden/entdecken-lassenden Verfahren lassen sich vor allem Unterscheidungen in der Intensität kooperierender Vorgehensweisen unterscheiden (Lehrervortrag oder forschendes Lernen; Schülervortrag oder Diskussion)[88].

88 Vgl. die ausführliche Darstellung bei Hans Seitz, Die Bestimmung der Lehrformen. In: Die Deutsche Berufs- und Fachschule 73 (1977), Heft 8, S. 592–597.

(Die verwendeten Abkürzungen sind in Klammern angegeben.)

– *darstellend*	Lehrervortrag	(LV)
	Demonstration	(Dem)
– *erarbeitend*	fragend-entwickelnd	(fragend-entw)
	Unterrichtsgespräch	(UG)
	Schülerbeitrag	(Sch beitrag)
(impulsgebend)	Lehrerfrage	(L frage)
	Impuls	(Imp)
	Arbeitsauftrag	(Arb auftrag)
– *entdecken-lassend*	forschendes Lernen	(forsch Lernen)
	Schülervortrag	(Sch vortrag)
	Referat	(Ref)
	Diskussion	(Disk)

Sozialformen des Unterrichts

Durch die Sozialformen wird das Verhältnis der am Unterricht Beteiligten (Lehrer – Schüler [Klasse]) bestimmt. Die Wahl der Sozialform impliziert spezifische Lehrverfahren; sie ist besonders wichtig, „da die soziale Organisation nicht nur Auswirkungen auf den Lernprozeß hat, sondern auch Prozesse der Sympathie- und Antipathiebildung, der Über- und Unterordnung, der Rollenverteilung, der Rollenanpassung und der Statuszuweisung bedingt. [. . .] Die soziale Form, in der Lernen verläuft, ist ein Bestandteil des Lernprozesses und ein wesentlicher Lerninhalt"[89].

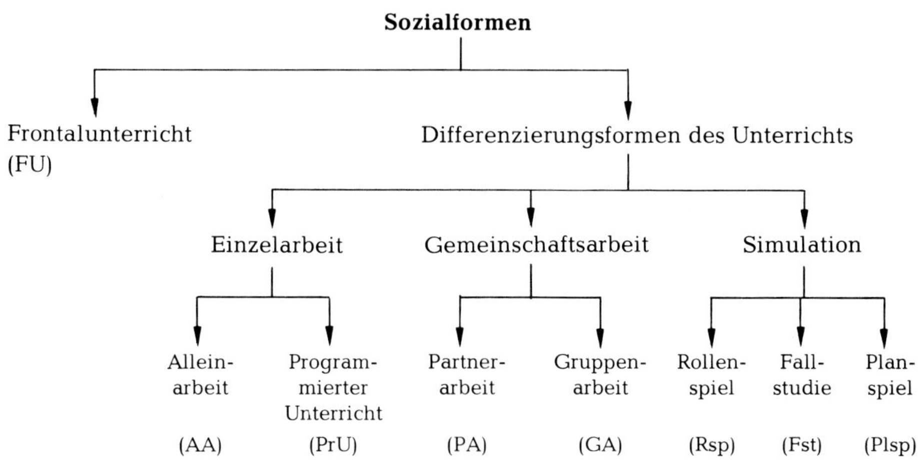

89 W. Memmert, Didaktik in Grafiken und Tabellen. Bad Heilbrunn: 1977, S. 87.

Medien

Die Medien sind ein Hilfsmittel, Träger von Unterrichtsinformationen, um den Lehr- und Lernprozeß zu beeinflussen – den Unterricht zu gestalten. Ihre Aufgabe liegt darin, Unterricht anschaulicher, reizvoller und damit wirksamer, textgerechter zu gestalten. Die Auswahl ist im Rahmen der Gesamtkonzeption einer Unterrichtsstunde / (UE) vorzunehmen. Form und Leistung des Mediums sind nicht ohne Einfluß auf die Rezeption der Inhalte durch den Schüler. „Jedes Medium vermittelt Wirklichkeit auf die ihm eigene Weise und bestimmt damit die Auffassung mit, die die Schüler im Kommunikationsprozeß von der Sache gewinnen."[90]

Hier sollen einige, für den Deutschunterricht wichtige, Medien aufgeführt werden:

1 Sprache

– fachbezogen	– informativ	– operativ
– verständnisbezogen	– evaluativ	– instruktiv
– darstellungsbezogen	– initiativ	– kommunikativ
	– systematisch	– emanzipativ
		– argumentativ

2 Lehr- und Lernmittel

Materialien	*Tafel*	*Lehrbücher*	*Arbeitshefte*	*technische Mittel*
– Texte	– Tafelanschrieb	– Lesebuch	– Mappen	– Tonband
– Abbildungen	– Tafelbild	– Sprachbuch	– Ordner	– Schallplatte
– Plakate	– Tafelskizze	– Grammatik	– Ergänzungen zu den Lehrbüchern	– Dias
– Grafiken		– Lese- und Arbeitsbuch		– Lehrfilme
– Statistiken		– Lexika		– Video
– (Folien)		– Anthologie		– Overhead-projektor
– Landkarten				
– Wörterbücher				

3 Massenmedien

Presse	Rundfunk	Film	Fernsehen

4 Programme

Buchprogramme Loseblatt-Sammlungen	technische Programme (Kassette, Sprachlabor)

---

90 Harro Müller-Michaels, Der Einsatz von Medien im Deutschunterricht. In: Dietrich Boueke (Hrsg.), Deutschunterricht in der Diskussion, S. 70 f.

Vgl. auch: Hans Wolfgang Lesch, Technische Medien als Arbeitsmittel in einem kommunikativ-orientierten Deutschunterricht. In: Erich Wolfrum (Hrsg.), Taschenbuch des Deutschunterrichts. 2 Bde. Baltmannsweiler: Burgbücherei W. Schneider ^{3}1980, S. 416 – 438.

4.5.6 *Unterricht*

Bei jeder noch so intensiv geplanten Stunde muß man sich darüber im klaren sein, daß der Unterricht – gerade im Fach Deutsch – anders ablaufen kann, weil im Mittelpunkt der (unberechenbare) Schüler steht. Sein Verhalten wird den Verlauf immer mitbestimmen, wenn wir ihn zu Wort kommen lassen. Außerdem besteht Unterricht aus einer solchen Vielfalt verflochtener und ineinander übergreifender, sich gegenseitig bedingender Faktoren, so daß mit Recht von einer vieldimensionalen Faktorenkomplexion gesprochen werden kann. Im Unterricht werden Inhalte vermittelt, Stoffe ausgewählt, Ziele angestrebt, ein beabsichtigtes Handeln durchgeführt, um bestimmte Qualifikationen zu erreichen. So beeinflussen das Handeln und Verhalten der Schüler und Lehrer individuelle, soziale, kulturelle, inhaltliche und organisatorische Momente wechselseitig[91]. Von daher wäre es vermessen, den Anspruch zu erheben, auf alle Bedingungsfelder eingehen zu können, sie kritisch darzustellen und würdigen zu wollen; dennoch kann ein Arbeitsmodell als Ausgangspunkt für den Unterricht dienen – nicht mehr, aber auch nicht weniger. Die folgende Darstellung geht von der Vorstellung aus, daß Unterricht *„institutionalisiertes kommunikatives Handeln"* ist[92]:

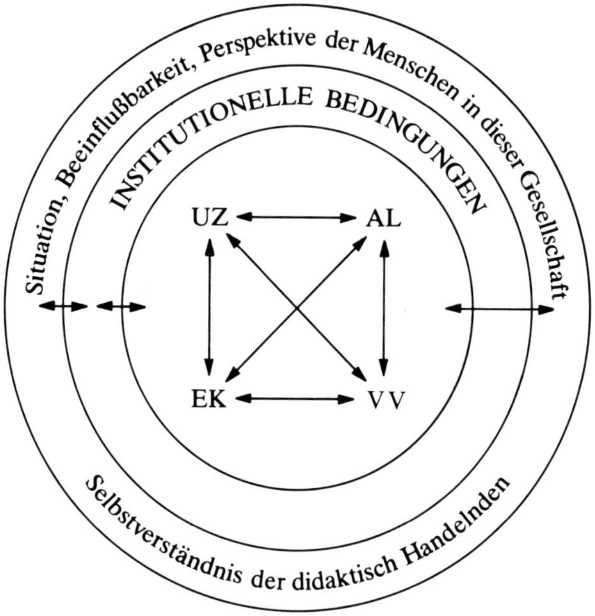

UZ = Unterrichtsziele und -gegenstände
VV = Vermittelnde Variablen wie Lehrerverhalten, Unterrichtsverfahren, Unterrichtsmaterialien, schulorganisatorische Maßnahmen
AL = Ausgangslage der Lernenden und Lehrenden, d. h. der Unterrichtsteilnehmer
EK = Erfolgskontrolle der Schüler, der Lehrer, der Schulaufsicht

(Aus: Karl Stocker [Hrsg.], Taschenlexikon der Literatur- und Sprachdidaktik. Bd. 2. Kronberg: Scriptor 1976 = S 94, S. 542.)

---

91 Vgl. Wolfgang Schmidt, Unterricht und Unterrichtsvorbereitung. In: Wolfgang Schmidt (Hrsg.), Unterrichtsgestaltung, S. 14–19.

92 Wolfgang Schulz, Unterrichtsorganisation. In: Karl Stocker (Hrsg.), Taschenlexikon, Bd. 2, S. 542.

4.5.7 *Nachbetrachtung*

In der Nachbetrachtung ist die **Reflexion über die abgehaltene Stunde** nur dann von Wert, wenn man sich der Tatsache bewußt ist, daß jede (vorherige) theoretische Überlegung der **Revision** durch neue Erkenntnisse aus der Wissenschaft und Erfahrungen aus der Praxis bedarf.

Auch der von uns vertretene kritische Deutschunterricht und das entwickelte Modell der Unterrichtsvorbereitung müssen als ein Kanon sich ständig revidierender Bedingungen (feed-back) verstanden werden (vgl. die angedeuteten Wechselbeziehungen durch Pfeile [⇄] im Unterrichtsmodell, (S. 92); folgende Fragen sind immer wieder zu stellen:

Unterrichtsgegenstand

- Erreicht der Unterricht das intendierte Ziel, verändert er das Schüler-Sachverhältnis in gemäßer Weise?
- Ist der Unterricht klar und sachlogisch gegliedert? Sind sinnvolle Schwerpunkte gesetzt?
- Zeigen die Unterrichtsschritte eine innere Konsequenz auf? Sind Möglichkeiten der Wiederholung (Kontrolle) genutzt? Werden Alternativen angeboten?
- Sind die angestrebten Lernziele realistisch (operationalisierbar)?

Lehrer / Schüler

- Überprüft der Lehrer, ob die zum Verständnis notwendigen Schritte erreicht sind, ob Teilziele angestrebt und in ihrer Bedeutung für den ganzen Ablauf durchschaut werden?
- Räumt der Lehrer den Schülern ein echtes Angebot an Lern- und Verstehenschancen ein? Gibt er Schülern Gelegenheit, notwendige Einsichten selbst zu gewinnen?
- Formuliert der Lehrer Arbeitsaufträge als echte Denkanstöße offen[93]?

Nach dem Unterricht muß die **Analyse** dem Lehrer helfen, klüger als vorher zu sein. „Er ordnet seine Eindrücke, arbeitet die Eigenart seines Verhaltens heraus, prüft es auf Widersprüche hin [. . .] er macht sich seinen Stil bewußt. Er vergleicht den wirklichen Ablauf mit dem geplanten, prüft die Voraussetzungen und die Folgen"[94] und zieht daraus die notwendigen Konsequenzen für seinen weiteren Unterricht.

Von der theoretischen Reflexion (Modellkonstruktion) über das praktische Argumentieren in der Erprobung (Unterricht) bis hin zur Revision vollzieht sich sinnvolle Handlungsforschung in dialektischer Weise[95].

---

93 Vgl. Gerd Frank, Kriterien für die Analyse des Deutschunterrichts, S. 89 und Karutz / Schulte, Hilfen für erste Deutschstunden, S. 96–97.

94 Heimann / Otto / Schulz, Unterricht, S. 22.

95 Vgl. Harro Müller-Michaels, Positionen der Deutschdidaktik seit 1949, S. 232.

4.5.8 *Literatur zur Unterrichtsvorbereitung (allgemein)*

Herwig *Blankertz*, Theorien und Modelle der Didaktik. München: Juventa [5]1971.

Manfred *Bönsch*, Unterrichtsvorbereitung. Eine Studien- und Arbeitshilfe. München: Don Bosco 1980.

(Lernziele, Lernart, Lernprozeß, Erfolgskontrolle; Beispiel eines Unterrichtsentwurfs.)

Hans-Peter *Drogenmüller*, Handbuch für Studienreferendare. Sachorientierte Unterrichtsplanung und -realisierung, Lehrer und Lerngruppe. Stuttgart: Klett [2]1978.

Jürgen *Grzesik*, Unterrichtsplanung. Eine Einführung in ihre Theorie und Praxis. Heidelberg: Quelle & Meyer 1979.

Peter *Hagmüller*, Einführung in die Unterrichtsvorbereitung. Düsseldorf: Schwann 1980.

Paul *Heimann*/Gunter *Otto*/Wolfgang *Schulz*, Unterricht. Analyse und Planung. Hannover: Schroedel [9]1977 = Auswahl Reihe B.

Ernst *König*/Harald *Riedel*, Unterrichtsplanung. Weinheim: Beltz 1975.

Bruno *Lehr*/Hans-Günther *Heckmann*, Modell für die Unterrichtsplanung. In: Erziehungswissenschaft und Beruf (Rinteln: Merkur) 28 (1980), Heft 3, S. 263–275.

Hilbert *Meyer*, Leitfaden zur Unterrichtsvorbereitung. Königstein: Scriptor 1980 = Scriptor Ratgeber Schule 6.

Hilbert *Meyer*, Trainingsprogramm zur Lernzielanalyse. Königstein: Athenäum [9]1979 AT 3101.

Christine *Möller*, Technik der Lernplanung. Weinheim: Beltz [4]1973.

Harald *Riedel*, Allgemeine Didaktik und unterrichtliche Praxis. München: Kösel 1977.

Heinrich *Roth*/Alfred *Blumenthal* (Hrsg.), Didaktische Analyse. Grundlegende Aufsätze aus der Zeitschrift Die Deutsche Schule. Hannover: Schroedel 1964 = Auswahl Reihe A.

Wolfgang *Schmidt* (Hrsg.), Unterrichtsgestaltung. München: Urban & Schwarzenberg 1978.

Wolfgang *Schulz*, Unterrichtsplanung. München: Urban & Schwarzenberg 1980.

Karl *Stöcker*, Neuzeitliche Unterrichtsgestaltung. München: Ehrenwirth [16]1970.

Unterrichtsplanung und -gestaltung. In: Die Deutsche Berufs- und Fachschule (Wiesbaden: Steiner) 73 (1977), Heft 8.

5 AUSWAHLBIBLIOGRAPHIE DEUTSCH (Sprache und Literatur)

Die Zuordnung einzelner Titel ist nicht immer einfach, weil häufig Überschneidungen berücksichtigt werden müssen; ein gemeinsamer Aspekt ist aber der Bezug zum *Deutschunterricht.*

Eine Auswahl erfordert immer Kompromisse (bis auf wenige Ausnahmen wurde auf einzelne Beiträge in Fachzeitschriften verzichtet); Hauptkriterien der Auswahl sind:

- Standardwerke (repräsentativer Querschnitt)
- Kontroverse Positionen
- Neuere Veröffentlichungen
- Bezug zur Unterrichtspraxis.

Hauptziel der **Auswahlbibliographie** ist die Möglichkeit der schnellen Information; auf weitergehende Kennzeichnung (Kurzkommentar) wird verzichtet, wenn die Intention aus dem Titel bzw. Untertitel ersichtlich ist.

5.1 **Lexika** (Wörterbuch, Nachschlagewerk, Literaturgeschichte)

Heinz Ludwig *Arnold* (Hrsg.), Kritisches Lexikon zur deutschsprachigen Gegenwartsliteratur. München: edition text + kritik [z. Zt. = 1981 3 Ordner].
(Autorenlexikon als Loseblattsammlung über deutschsprachige Schriftsteller der Gegenwart [seit 1945], das ständig ergänzt und auf den neuesten Stand gebracht wird.)

Dietrich *Boueke* u. a. (Hrsg.), Bibliographie Deutschunterricht. Ein Auswahlverzeichnis. Paderborn: Schöningh ^{3}1978 = UTB 230.

Ivo *Braak*, Poetik in Stichworten. Literaturwissenschaftliche Grundbegriffe. Kiel: Hirt ^{5}1974 = Hirts Stichwortbücher.

Erika *Dingeldey*/Jochen *Vogt* (Hrsg.), Kritische Stichwörter zum Deutschunterricht. München: Fink ^{2}1974 = UTB 299.
(Wichtige Stichwörter zum Deutschunterricht: kurze Definition, an Beispielen erläutert und durch weiterführende Literaturangaben ergänzt; zur einführenden Information sehr instruktiv.)

Wolfgang *Emmerich*, Kleine Literaturgeschichte DDR. Darmstadt: Luchterhand 1981 = Sammlung Luchterhand 326.

Herbert A. *Frenzel*/Elisabeth *Frenzel*, Daten deutscher Dichtung. Chronologischer Abriß der deutschen Literaturgeschichte. 2 Bde. München: dtv ^{5}1969.

Kindlers Literatur Lexikon im dtv [25 Bde]. München: dtv ²1979 = dtv 5999.

Werner *König* (Hrsg.), dtv-Atlas zur deutschen Sprache. Tafeln und Texte [mit Mundartkarten]. München: dtv ³1978 = dtv 3025.

Karl *Kunze*/Heinz *Oberländer*, Grundwissen Deutsche Literatur. Stuttgart: Klett 1974.
(Literatur seit der Antike bis zur Neuzeit im Überblick.)

Franz *Lennartz*, Deutsche Dichter und Schriftsteller unserer Zeit. Stuttgart: Kröner ⁹1973 = KTA 151.

Meyers Handbuch. Die Literatur. Mannheim: Bibliographisches Institut 1980.
(Dichterlexikon mit Lebenslauf, literarischer Einordnung, Wertung und Angabe der Hauptwerke.)

Ernst *Nündel* (Hrsg.), Lexikon zum Deutschunterricht. München: Urban & Schwarzenberg 1979.

Kurt *Rothmann*, Kleine Geschichte der deutschen Literatur, Stuttgart: Reclam 1978 = RUB 9906.

Reinhard *Schlepper*, Was ist wo interpretiert? Eine bibliographische Handreichung für das Lehrfach Deutsch. Paderborn: Schöningh ⁶1980.
(Nachschlagewerk zur Orientierung über die für den Deutschunterricht bestimmten Interpretationen; zur ersten Orientierung sehr hilfreich.)

Karl *Stocker* (Hrsg.), Taschenlexikon der Literatur- und Sprachdidaktik. 2 Bde. Kronberg: Scriptor 1976 = S 94.
(Kurze Erläuterung wesentlicher Sachgebiete des Deutschunterrichts; weiterführende Literaturhinweise; zur ersten Information sehr geeignet.)

Gerhard *Wahrig*, dtv-Wörterbuch der deutschen Sprache. München: dtv 1978 = dtv 3136.

Dietrich *Weber*, Deutsche Literatur der Gegenwart. Einzeldarstellungen zu deutschen Autoren seit 1945. 2 Bde. Stuttgart: Kröner ³1976/1978 = KTA 382/383.

Gero von *Wilpert*, Deutsches Dichterlexikon. Biographisch-bibliographisches Handwörterbuch zur deutschen Literaturgeschichte. Stuttgart: Kröner ²1976 = KTA 288.

Gero von *Wilpert* (Hrsg.), Lexikon der Weltliteratur. 2 Bde. Stuttgart: Kröner 1963.

Gero von *Wilpert*, Sachwörterbuch der Literatur. Stuttgart: Kröner ⁶1979 = KTA 231.
(Zur Information über die wesentlichen Sachwörter der Literatur sehr informativ.)

5.2 **Deutschunterricht** (Theorie und Praxis)

Theodor W. *Adorno*, Noten zur Literatur. Frankfurt: Suhrkamp 1958.
(Wissenschaftlich-theoretische Abhandlung zur Literatur.)

Heiko *Balhorn* u. a., Deutschunterricht 5–10. München: Urban & Schwarzenberg 1980.
(Ausführungen zur Sprachdidaktik, Lerntheorie, Rechtschreibung, über Alltagsgespräche, Unterrichtsprojekte [Hörspiel, Schülerzeitung].)

Alfred Clemens *Baumgärtner*/Malte *Dahrendorf*, Wozu Literatur in der Schule? Braunschweig: Westermann 1970 = Westermann Taschenbuch 76.
(Literaturdidaktische Fragestellungen; Bedeutung des Lesens und der Literatur.)

Dietrich *Boueke* (Hrsg.), Deutschunterricht in der Diskussion. Forschungsberichte. 2 Bde. Paderborn: Schöningh 1974/1979 = UTB 403/909.
(Didaktik, Methodik, Medienwahl; Sprachunterricht; Massenmedium im Unterricht; Lese- und Aufsatzunterricht; Literaturunterricht; sehr gute Einführung in die Probleme des Deutsch-(Literatur-)unterrichts.)

Ivo *Braak*, Poetik in Stichworten. Literaturwissenschaftliche Grundbegriffe. Eine Einführung. Kiel: Hirt [2]1966.
(Übersichtlich gestaltete wissenschaftsorientierte Einführung in literaturwissenschaftliche Grundbegriffe.)

Helmut *Brachert*/Walter *Raitz*, Reform des Literaturunterrichts. Eine Zwischenbilanz. Frankfurt: Suhrkamp 1974 = edition suhrkamp 672.
(Literaturunterricht zwischen Anpassung und Wirklichkeit; Problem der literarischen Bildung; Literarischer Kanon; Kritischer Literaturunterricht; Projektunterricht; Literaturdidaktik und Fachwissenschaft.)

Volker *Broweleit* u. a., Grundlagen der Reform des Deutschunterrichts. Köln: Kiepenheuer & Witsch 1975.
(Zusammenhänge zwischen Deutschunterricht und Politik.)

Christa *Bürger*, Deutschunterricht. Ideologie oder Aufklärung? Mit drei Unterrichtsmodellen. Frankfurt: Diesterweg 1970.
(Deutschunterricht als Ideologie?; kritische Auseinandersetzung mit der Didaktik Ulshöfers, Essens; Unterrichtsmodelle: Sprache der Werbung; Sage und Märchen; Geschichtsdrama bei Schiller, Grabbe, Weiss.)

Carl Otto *Conrady*, Einführung in die Neuere deutsche Literaturwissenschaft. Reinbek: Rowohlt 1966 = rororo 252/253.
(Wissenschaftliche Darstellung des Faches Germanistik: Aufgabenbereiche; Studium der Literaturwissenschaft; Leseliste – zum Selbststudium sehr geeignet.)

Peter *Conrady* u. a., Literaturunterricht 5–10. München: Urban & Schwarzenberg 1980.
(Zur Situation der Literaturdidaktik; Unterrichtsmodelle: Jugendbuch, Gewalt, Spontanes Theater, Textanalyse; Lesebuch.)

Deutschunterricht an beruflichen Schulen. In: Diskussion Deutsch (1977), Heft 34.
(DU in der bb Sch [BS, FOS]; DU in einer gemeinsamen Sek. II.)

Reinhard *Dithmer* (Hrsg.), Literaturunterricht in der Diskussion. Ein Reader in 2 Bdn. Kronberg: Scriptor 1974 = Scriptor Taschenbücher S 6.

Horst Joachim *Frank*, Geschichte des Deutschunterrichts. **Von den Anfängen bis 1945.** München: Hanser 1973 [als Taschenbuch im dtv. München: dtv 1979 = dtv WR 4271/4272].
(Ausführliche wissenschaftliche historische Darstellung der Entwicklung und Tendenzen des Deutschunterrichts.)

Jürgen *Gidion*/Hans Paul *Bahrdt*, Praxis des Deutschunterrichts. Überlegungen und Materialien. Göttingen: Vandenhoeck & Ruprecht 1973 = Kleine Vandenhoeck-Reihe 378 S.
(Das Fach Deutsch in der Schule; Lehrprobenentwürfe [Politische Dichtung, Aufklärung, Krieg]; Deutschunterricht und Soziologie.)

Ernst *Goette* (Hrsg.), Deutschunterricht. Theorie und Praxis in der berufsbildenden Schule. Rinteln: Merkur 1981.
(Zur Situation des Deutschunterrichts in der bb Sch; Rahmenbedingungen des Faches Deutsch in den wichtigsten Schularten; Lehrbuch; Unterrichtsmodell; Auswahlbibliographie Deutsch.)

Gunther *Grimm* (Hrsg.), Literatur und Leser, Theorien und Modelle zur Rezeption literarischer Werke. Stuttgart: Reclam 1975.
(Rezeptionsforschung; Modell einer Rezeptionsanalyse; Beispiele der Rezeption von Literatur [Mittelalter, Lessing, Faust, politisches Drama, Böll, Heftromane, Abenteuer- und Kriminalroman].)

Franz *Hebel*, Literatur im Unterricht. Praxis und Theorie des Literaturunterrichts. Kronberg: Scriptor 1976 = S 107.
(Literatur im Unterricht; Lehrplan und Lernziele; Literatur und Gesellschaft [Literatursoziologie]; Kurs- und Unterrichtsvorschläge; Sprache.)

Heinz *Ide* (Hrsg.), Bestandsaufnahme Deutschunterricht. Ein Fach in der Krise. Stuttgart: Metzler 1970.
(Klassiker in der Schule; Lesebuch und Sprachbuch; Didaktik; Deutschunterricht – Versuch einer neuen Standortbestimmung.)

Ideologiekritik im Deutschunterricht. Sonderband Diskussion Deutsch. Frankfurt: Diesterweg 1972.

Hubert *Ivo*/Valentin *Merkelbach*, Abschied vom klassischen Schulfach. Zum Beispiel: Deutsch. Heidelberg: Quelle & Meyer 1972.
(Kritik am DU; Medien für den DU [Lesebücher, Sprachbücher].)

Hubert *Ivo*, Handlungsfeld: Deutschunterricht. Argumente und Fragen einer praxisorientierten Wissenschaft. Frankfurt: Fischer 1975 = Fischer TB 1665.
(Wissenschaft vom DU; Stellenwert der Grammatik; Sprachgebrauch und -kritik; Ziele des Literaturunterrichts; Ideologische Komponenten des DU.)

Hubert *Ivo*, Kritischer Deutschunterricht. Frankfurt: Fischer ^{3}1971.
(Grundlegende Fragen zur Didaktik des DU; Lernzielbeschreibung; Einheit von Fachwissenschaft und Didaktik.)

Armin *Kaiser*/Ruth *Kaiser*, Literaturunterricht zwischen Strukturanalyse und Ideologiekritik. Eine Einführung mit Beispielen. Düsseldorf: Schwann 1977.

Wolfgang *Kayser*, Das sprachliche Kunstwerk. Eine Einführung in die Literaturwissenschaft. Bern: Francke ^{10}1964.
(Grundlegende wissenschaftliche Einführung in Fragen und Probleme der Literaturwissenschaft.)

Michael *Krejci*, Deutschunterricht. Einführung in Theorie und Praxis. Baltmannsweiler: Pädagogischer Verlag Burgbücherei W. Schneider 1981.

Walther *Killy*, Ideologisches Konstrukt. Zur Diskussion über den Deutschunterricht in Hessen. In: Die Zeit, Nr. 14 vom 30. 03. 1973.
(Vgl. die Entgegnungen von Rolf Eigenwald, Aus erhabener Warte. Walther Killy und der Deutschunterricht. In: Diskussion Deutsch [1973], Heft 13, S. 267–271.)

Jürgen *Kolbe* (Hrsg.), Ansichten einer künftigen Germanistik. München: Hanser ^{2}1973 = Reihe Hanser 29.

Hans *Kügler*, Literatur und Kommunikation. Poetische und pragmatische Lektüre im Unterricht. Stuttgart: Klett ²1975.

(Didaktische Konzeptionen; Kommunikation; Pragmatische Literatur.)

Wolfgang *Kuttenkeuler* (Hrsg.), Poesie und Politik. Zur Situation der Literatur in Deutschland. Stuttgart: Kohlhammer 1973 = Sprache und Literatur 73.

(Bestandsaufnahme und Überblick zum Verhältnis Literatur und Politik in Deutschland – berücksichtigt Tendenzen und Entwicklungen im Verhältnis Bundesrepublik und DDR.)

Eberhard *Lämmert*, Bauformen des Erzählens. Stuttgart: Metzler ²1967.

(Wissenschaftliche Darstellung der wichtigsten Bauformen des Erzählens: Konturen des Gesamtvorgangs, Verknüpfung mehrsträngiger Erzählungen, Erzählphasen, Erzählweisen, Rückwendung, Vorausschauung, Dimension der Rede im Erzählvorgang.)

Lehrplanprobleme. In: Diskussion Deutsch (1974), Heft 16.

(Literaturunterricht auf der Sek. II; Literaturgeschichte im DU; Lesebuch.)

Jürgen *Link*, Literaturwissenschaftliche Grundbegriffe, München: Fink 1974 = UTB 305.

Paul Michael *Lützeler*/Egon *Schwarz* (Hrsg.), Deutsche Literatur in der Bundesrepublik seit 1965. Königstein: Athenäum 1980.

Helmut *Melzer*/Walter *Seifert*, Theorie des Deutschunterrichts. München: Ehrenwirth 1976.

(Grundlegende fachwissenschaftliche Darstellung: Historie, Curriculum, Unterrichtsvorbereitung, Medien, Leistungsbemessung und -kontrolle.)

Ernst *Nündel* u. a., Sozialintegrative Aspekte des Deutschunterrichts. Donauwörth: Auer 1979.

Franz-Josef *Payrhuber*/Albrecht *Weber*, Literaturunterricht heute – warum und wie? Eine Zwischenbilanz. Freiburg: Herder 1978 = Herderbücherei 9308.

Winfried *Pielow*, Theorie und Praxis des Deutschunterrichts. München: Kösel 1975.

Zur *politischen* Dimension des Deutschunterrichts. Sonderband Diskussion Deutsch. Frankfurt: Diesterweg 1973.

Zur *Praxis* des Deutschunterrichts [bisher 11 Bände]. Stuttgart: Metzler.

(1.: Sprache, Literatur und Kommunikation. Leistungskurse; 2.: Sprache, Literatur und Kommunikation. Grundkurse; 3.: Fortschritt des Literaturunterrichts – Modell einer konkreten Reform; 4.: Sprachunterricht gleich Linguistik? Zur Kritik des linguistisierten Sprachunterrichts; 5.: Einführung in die Literaturgeschichte der DDR. Ein Unterrichtsmodell; 6.: Soziale Kommunikation. Fächerübergreifendes Curriculum Deutsch/Sozialkunde für die Sek. I; 7.: Didaktik der Trivialliteratur; 8.: Die deutsche Ballade zwischen Herders naturaler Theorie und später Industriegesellschaft; 9.: Projektorientierter DU in der Sek. I. Materialien und Modelle; 10.: Politischer DU. Beiträge zu einer didaktischen Kontroverse; 11.: Das deutsche Naturgedicht – Realität und Utopie. Der fiktionale Text im Kommunikationsprozeß.)

Projekt Deutschunterricht [bisher 12 Bände]. Stuttgart: Metzler.

(1.: Kritisches Lesen, Märchen, Sage, Fabel, Volksbuch; 2.: Sozialisation und Manipulation durch Sprache [Sprachbarrieren, Gruppenarbeit, Werbung, politische Rede, Kritik]; 3.: Soziale Fronten in der Sprache [Festreden, Reportagen, Polemik, Gesellschaft und Macht]; 4.: Sprache und Realität [Wirtschaft und Beruf, Lehrlingsprobleme, Arbeitswelt]; 5.: Massenmedien und Trivialliteratur [Fernsehen, Bravo, Schlager, Comic, Kriminalroman, Trivialliteratur]; 6.: Kritischer Literaturunterricht [Parabel, Märchen und Sprichwort, Brecht „Lehrstücke", Kästner „Fabian", Eich „Träume"]; 7.: Literatur der Klassik I [Klassische Dramen im DU; Modellvorschläge: Schiller, Goethe, Kleist]; 8.: Politische Lyrik [Politische Lyrik im DU, Poesie und Politik, Moderne Kindergedichte]; 9.: Literatur der Klassik II – Lyrik, Epik, Ästhetik; 10.: Kommunikative Übungen – Sprachgebrauch [Aufsatzunterricht, Rollenspiel, Umfrage, Bildbetrachtung/Bildbeschreibung, Karikaturen]; 11.: Kommunikationsanalyse I – Sprachbetrachtung [Aufsatzschreiben als Sozialform, Bericht der Presse über Schulkonflikte, Heirats- und Kontaktanzeigen, Liebesgedicht zur Intimwerbung, Orthographie und Gesellschaft, Sprache und Gesellschaft]; 12.: Kommunikationsanalyse II – Sprachkritik; mit jeweiligem ausführlichem Materialienteil im Anhang, der auch gesondert geliefert wird.)

8 Goette – ISBN 3-8120-0342-2

Reform der Deutschlehrerausbildung. In: Der Deutschunterricht 25 (1973), Heft 3.

Hermann *Stadler* (Hrsg.), Deutsch. Verstehen – Sprechen – Schreiben. Frankfurt: Fischer ^{3}1973 = Fischer Kolleg 6.
(Sprache, Rhetorik, Kommunikation, schriftliche Arbeiten [Arbeitstechniken]; zum Selbststudium geeignet.)

Hermann *Stadler*/Karl *Dickopf* (Hrsg.), Literatur. Frankfurt: Fischer ^{2}1973 = Fischer Kolleg 8.
(Funktion, Methoden, Epochen der deutschen Literatur; Gattungen.)

Emil *Staiger*, Die Kunst der Interpretation. Studien zur deutschen Literaturgeschichte. München: dtv 1971 = dtv WR 4078.

Emil *Staiger*, Meisterwerke deutscher Sprache aus dem 19. Jahrhundert. München: dtv 1973 = dtv WR 4141.

Peter *Stein* (Hrsg.), Wieviel Literatur brauchen Schüler? Kritische Bilanz und neue Perspektiven des Literaturunterrichts. Stuttgart: Metzler 1980.

Karl *Stocker*, Praxis des Literaturunterrichts im Gymnasium. Freiburg: Herder 1979 = Herderbücherei 9318.

Dietrich *Weber* (Hrsg.), Deutsche Literatur in Einzeldarstellungen. Stuttgart: Kröner ^{2}1970 = KTA 382.
(Darstellung bedeutender Autoren seit 1945 und ihrer wichtigsten Hauptwerke im Überblick.)

Siegfried *Weinmann*, Deutsch in der gymnasischen Oberstufe. Königstein: Scriptor 1980 = S 158.
(Probleme und Kursvorschläge für die reformierte gymnasiale Oberstufe Sek. II.)

Erich *Wolfrum* (Hrsg.), Taschenbuch des Deutschunterrichts. 2 Bde. Baltmannsweiler: Pädagogischer Verlag Burgbücherei W. Schneider ^{3}1980.
(Zur Einarbeitung in das Fach Deutsch sehr empfehlenswert.)

5.3 **Didaktik und Methodik** (Deutschunterricht)

Autorenkollektiv (Hrsg.), Methodik Deutschunterricht. Literatur. Berlin: Volk und Wissen 1977. (Ausführliche wissenschaftlich-methodische Darstellung aus der Sicht von Wissenschaftlern in der DDR.)

Alfred Clemens *Baumgärtner*/Malte *Dahrendorf* (Hrsg.), Zurück zum Literaturunterricht? Literaturdidaktische Kontroversen. Braunschweig: Westermann 1977.

Ortwin *Beisbart*/Dieter *Marenbach*, Einführung in die Didaktik der deutschen Sprache und Literatur. Donauwörth: Auer 1975.

Klaus *Berker*/Hartmut *Riemenschneider*, Literaturwissenschaft und Fachdidaktik. Methodische Prinzipien für den Unterricht. Düsseldorf: Schwann 1973.

Bremer Kollektiv (Hrsg.), Grundriß einer Didaktik und Methodik des Deutschunterrichts in der Sekundarstufe I und II. Stuttgart: Metzler 1974.
(Schwerpunkte: Gebrauchstexte, Massenliteratur, Massenmedien, Massenkommunikation.)

Theodor *Diegritz* u. a. (Hrsg.), Perspektiven der Deutschdidaktik. Kronberg: Scriptor 1975 = Monographien Literatur + Sprache + Didaktik 3.

Klaus von *Döhring* (Hrsg.), Unterricht mit Lehr- und Lernmitteln. Weinheim: Beltz ^{2}1973 = Beltz Studienbuch 18.

Erika *Essen*, Methodik des Deutschunterrichts. Heidelberg: Quelle & Meyer ^{9}1972.

Wolfram *Flößner*/Sigurd *Hauff*, Deutschunterricht in der 10. Jahrgangsstufe. Braunschweig: Westermann 1973 = Westermann Taschenbuch 105.
(Organisation, Didaktik und Erfahrungsbericht des DU an einer Gesamtschule; praktische Unterrichtseinheiten mit Lernzielangaben.)

M. *Gebauer*/U. *Holefleisch*/M. *Nießen*/H. *Seiler*/R. *Vogelsberg*, Praxis der Unterrichtsvorbereitung. Ein Studienbuch. Projektgruppe Curriculumbausteine. Stuttgart: Klett 1977.
(Probleme und Hinweise zur Praxis der Unterrichtsvorbereitung.)

Rolf *Geißler*, Prolegomena zu einer Theorie der Literaturdidaktik. Hannover: Schroedel ^{2}1973.

Jürgen-Wolfgang *Goette* (Hrsg.), Methoden der Literaturanalyse im 20. Jahrhundert. Frankfurt: Diesterweg ^{5}1978.
(Psychologische, volkhafte, existentielle, werkimmanente, literatursoziologische Literaturbetrachtung: theoretische Grundlegung, Interpretationsbeispiele, Kritik und Arbeitshinweise.)

Günter *Graf*, Literaturkritik und ihre Didaktik. München: Francke 1981 = UTB 1084.

Hermann *Helmers*, Didaktik der deutschen Sprache. Einführung in die Theorie der muttersprachlichen und literarischen Bildung. Stuttgart: Klett.

Peter *Henning* u. a. (Hrsg.), Fachdidaktik Deutsch. Neuansatz. Unterrichtsmodell. Braunschweig: Westermann 1975.

Otfried *Hoppe* (Hrsg.), Zur Kritik und Didaktik literarischen Verstehens. Kronberg: Scriptor 1976 = S 103.

Hubert *Ivo*, Zur Wissenschaftlichkeit der Didaktik der deutschen Sprache und Literatur. Frankfurt: Diesterweg 1979.

Lothar *Jegensdorf*, Lernplanung im Literaturunterricht. Düsseldorf: Schwann 1978.
(Lernziel-Taxonomien und das Fach Deutsch; Lernzielklassifikation als Planungshilfe im DU; Unterrichtsskizzen.)

Hannes *Krauss*/Jochen *Vogt* (Hrsg.), Didaktik Deutsch. Probleme. Positionen. Perspektiven. Opladen: Westdeutscher Verlag 1977.

Jürgen *Kreft*, Grundprobleme der Literaturdidaktik. Heidelberg: Quelle & Meyer 1977 = UTB 714.

Frigga *Kuske*/Gernot *Krankenhagen* (Hrsg.), Audiovisuelle Medien im Deutschunterricht. Stuttgart: Klett 1978 = AV Pädagogik.

(Medien des FWU zur Sprachförderung; Tonband im DU; Rhetorische Kommunikation; Tagesschau.)

Jakob *Lehmann*/Karl *Stocker* (Hrsg.), Deutsch [2 Bde.]. München: Oldenbourg 1981.

(Aufsätze zur Fachdidaktik; mit Beiträgen zum DU in der bb Sch.)

Lehrplan, Vorbereitung und Diagnose des Deutschunterrichts. In: Der Deutschunterricht 22 (1970), Heft 2.

Manon *Maren-Grisebach*, Methoden der Literaturwissenschaft. München: Francke ⁶1970 = UTB 121.

(Darstellung der wichtigsten literaturwissenschaftlichen Methoden: positivistische, geistesgeschichtliche, phänomenologische, existentielle, morphologische, soziologische, statistische, strukturalistische.)

Manfred *Markefka*/Bernhard *Nauck*, Zwischen Literatur und Wirklichkeit. Zur Kritik der Literaturdidaktik. Theoretische Probleme eines Fachunterrichts. Neuwied: Luchterhand 1972.

(Fachdidaktik – Allgemeine Didaktik – Fachwissenschaft; Modell der Literaturdidaktik; Untersuchung zum Verhältnis Literatur und Wirklichkeit.)

Norbert *Mecklenburg* (Hrsg.), Zur Didaktik der literarischen Wertung. Frankfurt: Diesterweg 1975.

(Literaturkritik; Kanon der literarischen Bildung; kritisches Lesen; Wertungsdidaktik.)

Heinz *Moser* (Hrsg.), Probleme der Unterrichtsmethodik. Frankfurt: Athenäum 1977 = AT 3146.

Harro *Müller-Michaels* (Hrsg.), Jahrbuch der Deutschdidaktik. Kronberg: Scriptor 1978f.

Harro *Müller-Michaels*, Positionen der Deutschdidaktik seit 1949. Königstein: Scriptor 1980 = S 126.

(Methodik des DU; Didaktik der deutschen Sprache [Exkurs: Ansatz in der DDR]; Kritische Didaktik.)

Paul *Nentwig*, Dichtung im Unterricht. Grundlegung und Methode. Braunschweig: Westermann ⁴1969.

Ernst *Nündel*, Kompendium Didaktik Deutsch. München: Ehrenwirth 1980.

(Didaktik; Curriculum; Unterrichtsplanung und -analyse.)

Ernst *Nündel*, Zur Grundlegung einer Didaktik des sprachlichen Handelns. Kronberg: Scriptor 1976.

Leo *Pollmann*, Literaturwissenschaft und Methode. Frankfurt: Athenäum 1973 = FAT 2007.

Positionen der Deutschdidaktik. In: Diskussion Deutsch (1981), Heft 58.

(Ivo zu Müller-Michaels „Positionen der Deutschdidaktik nach 1949"; Problemlage der Literaturdidaktik; Zur Situation linker Deutschdidaktik; Didaktik des Bremer Kollektivs.)

Dietrich *Pukas*, Didaktik neuzeitlichen Deutschunterrichts. Rinteln: Merkur 1978.

(Berücksichtigung der Probleme in der bb Sch.)

Kurt *Rothmann* (Hrsg.), Anleitung zur Abfassung literaturwissenschaftlicher Arbeiten. Stuttgart: Reclam 1973 = RUB 9504.

(Übersichtliche Einführung in die Techniken des wissenschaftlichen Arbeitens – mit Beispielen; geeignet als Hilfe bei der Abfassung von Examensarbeiten und Lehrproben.)

Annamaria *Rucktäschel* (Hrsg.), Sprache und Gesellschaft. München: Fink 1972 = UTB 131.

(Spiegel und Bildzeitung; Sprache und Politik; Denken und Sprechen; Nachrichten; Sprachbarrieren; Manipulation.)

Annamaria *Rucktäschel*/Hans Dieter *Zimmermann* (Hrsg.), Trivialliteratur. München: Fink 1976 = UTB 637.

Hartmut *Scheible*, Zur Begründungsproblematik der Literaturdidaktik. In: Diskussion Deutsch (1974), Heft 17, S. 261–276.

Peter *Stein*, Die wunderbaren Jahre. Kritische Deutschdidaktik seit 1967. In: Diskussion Deutsch (1978), Heft 40, S. 176–197.

Bernhard *Sowinski* (Hrsg.), Fachdidaktik Deutsch. Köln: Böhlau ²1980 = Böhlau-Studien-Bücher.
(Fachwissenschaft – Fachdidaktik; Curriculum; Methodik; Didaktik; Grammatik; Rechtschreibung; Probleme des DU in der bb Sch.)

Tendenzen der Literaturdidaktik. Sonderband Diskussion Deutsch. Frankfurt: Diesterweg 1974.
(Elemente einer kritischen Literaturdidaktik; Literatursoziologie und ihre Didaktik; Kritik an Ulshöfers ‚politischer' Didaktik.)

Manfred *Titzmann*, Strukturale Textanalyse. München: Fink 1977 = UTB 582.
(Interpretationsregeln; Aspekte der Semantik; Text und Kontext; Autor und Rezipient – ausführliche wissenschaftliche Darstellung der Textanalyse.)

Robert *Ulshöfer*, Methodik des Deutschunterrichts. Stuttgart: Klett [mehrere Bände für Unter-, Mittel-, Oberstufe; verschiedene Auflagen).

Jochen *Vogt* (Hrsg.), Literaturdidaktik. Aussichten und Aufgaben. Düsseldorf: Bertelsmann Universitätsverlag ²1973 = Literatur in der Gesellschaft 10.

Günther *Waldmann*, Theorie und Didaktik der Trivialliteratur. Modellanalysen. Didaktikdiskussion. Literarische Wertung. München: Fink 1973.

Albrecht *Weber*, Grundlagen der Literaturdidaktik. München: Ehrenwirth 1975.

Gisela *Wilkending*, Ansätze zur Didaktik des Literaturunterrichts. Darstellung. Analyse. Weinheim: Beltz ²1973.

Hermann *Zabel* (Hrsg.), Fachdidaktik Deutsch. Deutschunterricht zwischen Lernzielen und Lehrplänen. Düsseldorf: Schwann 1977.

5.4 **Unterrichtshilfen** (Deutsch)

Alfred Clemens *Baumgärtner*, Literaturunterricht mit dem Lesebuch. 30 didaktische Modelle. Bochum: Kamp 1974 = Kamps pädagogische Taschenbücher 65/66.

(Literaturunterricht und Lesebuch; Modelle zum Literaturunterricht: Lyrik, Märchen – Kunstmärchen, Sage, Erzählung, Fabel, Parabel, Satire, Drama, Hörspiel, Essay, Sachtext.)

Wendula *Dahle*, Deutschunterricht und Arbeitswelt: Modelle kritischen Lernens. Materialien für Lehrer und Schüler. Reinbek: Rowohlt 1972 = rororo Sachbuch 6785.

Reinhard *Dithmar*, Deutsch in der Sekundarstufe I. Literatur der Arbeitswelt. Stuttgart: Metzler 1976.

Ernst *Goette*, Deutschunterricht. Lehrproben. Unterrichtsmodelle. Stundenverläufe. 4 Bde. [Epik, Lyrik, Dramatik, Sachtexte]. Rinteln: Merkur 1981 f.

(Zur Unterrichtsvorbereitung; Lehrproben, Unterrichtsmodelle, Stundenverläufe mit dem Schwerpunkt: Analyse des Unterrichtsgegenstandes, Unterrichtsverlauf, Tafelbild; weiterführende Literaturangaben.)

Ernst *Goette*/Jürgen Wolfgang *Goette*, Interpretationen für den kritischen Deutschunterricht. Didaktische und methodische Hinweise zum „Kritischen Lesebuch". Rinteln: Merkur [4]1980.

(Interpretationen mit methodischen Hinweisen [Aktionsformen/Sozialformen/Tafelanschrieb/Tafelbild] zu literarischen und nichtliterarischen Texten mit einer allgemeinen Einleitung zur Situation des Deutschunterrichts heute; Schwerpunkt: unterrichtspraktische Beispiele.)

Ernst *Goette*/Jürgen Wolfgang *Goette* (Hrsg.), Texte und Materialien für Deutschkurse. [bisher 2 Bde: Sprache und Kommunikation; Jugend und Sozialisation] Rinteln: Merkur 1979 f.

Heiko E. *Gorf* u. a. (Hrsg.), Unterricht Deutsch. Modelle, Methoden, Skizzen. Braunschweig: Westermann [2]1978.

(Informationen geben und einholen: Telefongespräch, Bildgeschichten, Märchen, Hörspiel, Reise, Bericht [5. Schuljahr]; Textrezeption und -produktion: Fabeln, Massenkommunikation, Rollenspiele, Arbeitswelt, Lyrik [6. Schuljahr].)

Heiko E. *Gorf* u. a. (Hrsg.), Unterricht Deutsch. 7. + 8. Schuljahr. Modelle, Methoden, Skizzen. Braunschweig: Westermann 1979.

Harald *Hartung* (Hrsg.), Deutsch in der Sekundarstufe I. Literatur – Realität – Erfahrung. Stuttgart: Metzler 1977.

Heribert *Houben* u. a., Deutsch. Sekundarstufe II. Arbeitsbuch für berufsbezogene Bildungsgänge. Düsseldorf: Schwann 1978.

(Zusammenhänge von Text – Sprechen – Sprache; Unterrichtseinheiten: Texte in der Öffentlichkeit [journalistische Texte, Reden]; fachspezifische Prosa [Werbung, Wirtschaft, Recht, Fachsprachen]; literarische Texte [Dichtung, Trivialliteratur].)

Guido *Karutz*/Wolfgang *Schulte*, Hilfen für erste Deutschstunden. Planung, Durchführung, Analyse, Arbeitshilfen. Stuttgart: Klett 1979.

Hans *Lobentanzer*/Ilse *Dangel*, Textanalysen I für den Deutschunterricht der 7.–10. Jahrgangsstufe. Texte – Fragen – Lösungen. Textanalysen II für den Deutschunterricht der 11. – 13. Jahrgangsstufe. Texte – Fragen – Lösungen. München: Ehrenwirth 1981.

Harro *Müller-Michaels* (Hrsg.), Arbeitsmittel und Medien für den Deutschunterricht. Kronberg: Scriptor 1976 = S 104.

(Lese- und Sprachbuch; Programme; Radio und Fernsehen; Ausführungen zum kreativen Mediengebrauch.)

Hermann *Speth* (Hrsg.), Zur Planung von Lehreinheiten in kaufmännischen Schulen. Bd. 2. Allgemeinbildende Fächer. Rinteln: Merkur 1978.
(Allgemeine Empfehlungen zur Planung des Unterrichts; Fach Deutsch: Sprache, Verb, Verkauf, Protestsong, Kurzgeschichte.)

Stundenblätter [Beispiele aus der Literatur und verschiedene Sachthemen]. Stuttgart: Klett.
(Unterrichtshilfen mit Anmerkungen zum Unterrichtsgegenstand, zur Didaktik, Methodik; Unterrichtsverläufe mit Tafelbildern in Form von Stundenblättern.)

Hans *Thiel* (Hrsg.), Deutsch in Jahrgangsstufe 11. Exemplarische Kurse mit ausgewählten Texten. Frankfurt: Diesterweg 1980.

Hans *Thiel* (Hrsg.), Deutschunterricht im Kurssystem. Anregungen für die Praxis der neugestalteten gymnasialen Oberstufe. Frankfurt: Diesterweg 1976.

Hans *Thiel* (Hrsg.), Reflexion über Sprache im Deutschunterricht. Beispiele für die Sekundarstufe (Klasse 5–13). Frankfurt: Diesterweg 1972.

Günther *Waldmann*, Literatur zur Unterhaltung. 2 Bde. Reinbek: Rowohlt 1979/1980 = rororo 7351/7352.
(Texte, Materialien, Unterrichtsmodelle [Trivialliteratur; Comics; Western; Kriminalroman; Science Fiction].)

Werner *Zimmermann*, Deutsche Prosadichtungen unseres Jahrhunderts. 2. Bde. Düsseldorf: Schwann 1977 f.
(Interpretationen, Arbeitshinweise; allgemeine didaktische und methodische Hinweise.)

5.5 Zeitschriften

DD = Diskussion Deutsch. Zeitschrift für Deutschlehrer aller Schulformen in Ausbildung und Praxis (Frankfurt: Diesterweg).

DU = Der Deutschunterricht (Stuttgart: Klett).

DVjs = Deutsche Vierteljahreszeitschrift für Literaturwissenschaft und Geistesgeschichte (Stuttgart: Metzler)

Euph = Euphorion (Heidelberg: Winter)

EWuB = Erziehungswissenschaft und Beruf. Vierteljahresschrift für Unterrichtspraxis und Lehrerbildung (Rinteln: Merkur).

LB = Linguistische Berichte (Braunschweig: Vieweg)

LfL = Literatur für Leser (München: Oldenbourg)

LiLi = Zeitschrift für Literaturwissenschaft und Linguistik (Göttingen: Vandenhoeck & Ruprecht)

L u D = Linguistik und Didaktik (München: Fink).

Merkur = Merkur (Stuttgart: Klett)

NDL = Neue Deutsche Literatur (Berlin [Ost]: Aufbau).

NUnterrpr = Neue Unterrichtspraxis (Hannover: Schroedel)

PD = Praxis Deutsch. Zeitschrift für den Deutschunterricht (Seelze: Friedrich).

Sprache und Beruf
Zeitschrift für Deutsch und Fremdsprachen in Schule, Weiterbildung und Betrieb (Frankfurt: Hirschgraben).

Text + Kritik
Zeitschrift für Literatur. Hrsg. von Heinz Ludwig Arnold (München: edition text + kritik).

WPB = Westermanns Pädagogische Beiträge (Braunschweig: Westermann).

WW = Wirkendes Wort. Deutsche Sprache in Forschung und Lehre (Düsseldorf: Schwann).

6 SACHREGISTER

Ernst Goette

Deutschunterricht

Lehrproben – Unterrichtsmodelle – Stundenverläufe

An theoretischer Literatur zur Didaktik und Methodik des Deutschunterrichts besteht kein Mangel; kaum ein Unterrichtsfach hat in den letzten Jahren stärker im Mittelpunkt des Interesses – aber auch der Kritik – gestanden. Lehrproben, Unterrichtsmodelle, Stundenverläufe, Unterrichtsskizzen, Stundenblätter – also mehr auf die Unterrichts*praxis* bezogene Darstellungen sind dagegen seltener oder aber in verschiedenen Periodica verstreut.

In dieser Reihe **Deutschunterricht** (Band 1: Epik; Band 2: Lyrik; Band 3: Dramatik; Band 4: Sachtexte) gilt es, theoretische Erkenntnisse für den Unterricht aufzuarbeiten und praxisgerecht zu gestalten. Einige Beispiele entsprechen in ihrer Ausführlichkeit und Gestaltung den Anforderungen, die an einen Lehrprobenentwurf gestellt werden, andere zeigen einen Weg zur Analyse und Durchführung als Unterrichtsmodell oder als Stundenverlauf.

Der Schwerpunkt der Beispiele für den Deutschunterricht liegt auf einer praxisbezogenen, im Unterricht zu realisierenden Gestaltung (geplanter Unterrichtsverlauf mit Phasen, Schritten, konkreten Lernzielen, Aktionsformen des Lehrens und Lernens, Sozialformen, Medieneinsatz, Tafelanschrieb/Tafelbild) unter Berücksichtigung der verschiedenen Schularten.

Band 1: Epik ISBN 3-8120-0343-0

Im **1. Band** der Reihe **Deutschunterricht** werden folgende *Formen der Epik* berücksichtigt: Erzählung (Peter Bichsel, Ein Tisch ist ein Tisch), Kurzgeschichte (Günther Weisenborn, Zwei Männer), Anekdote (Heinrich Böll, Anekdote zur Senkung der Arbeitsmoral), Fabel (Gotthold Ephraim Lessing, Der Rabe und der Fuchs), Parabel (Franz Kafka, Der Kübelreiter), Märchen (Brüder Grimm, Die Sterntaler), Essay (Max Frisch, Überfremdung), Novelle (Thomas Mann, Tonio Kröger), Roman (Jerome D. Salinger, Der Fänger im Roggen), Trivialroman (Wera Orloff, An jenem Tag im Park [Silvia-Roman]).

Band 3: Dramatik ISBN 3-8120-0345-7

Im 3. Band dieser Reihe werden folgende *Formen der Dramatik* behandelt: Komödie (Carl Zuckmayer, Der Hauptmann von Köpenick), Tragödie (Friedrich Hebbel, Gyges und sein Ring), Episches Theater (Bertolt Brecht, Leben des Galilei), Experimentelles Theater (Peter Handke, Publikumsbeschimpfung), Hörspiel (Margarete Jehn, Papa hat nichts gegen Italiener).

Band 2: Lyrik ISBN 3-8120-0344-9 – in Vorbereitung

Band 4: Sachtexte ISBN 3-8120-0346-5 – in Vorbereitung

Goette/Goette

Kritisches Lesebuch

Texte und Materialien für den Deutschunterricht

456 Seiten (Halbleinen) ISBN 3-8120-0271-X

In diesem Lese- und Arbeitsbuch wird der Versuch unternommen, Folgerungen aus den Erkenntnissen der aktuellen didaktischen Diskussion im Fach Deutsch zu ziehen: Der Zusammenhang zwischen **Text** und **Gesellschaft** soll verdeutlicht werden. Die einzelnen Texte sind zu Lerneinheiten zusammengefaßt: Schule und Erziehung – Deutschunterricht – Jugend und Sozialisation – Emanzipation der Frau – Lehrjahre und Herrenjahre – Werbung und Konsum – Technik und Industrielle Arbeitswelt – Verkehr – Stadt und Natur – Krieg – Verfolgung und Widerstand – Nachkriegszeit – Macht und Gerechtigkeit – Der einzelne in der Gesellschaft – Vorurteil – Sprache und Kommunikation. Leitende Gesichtspunkte sind dabei die Verhältnisse und Beziehungen zwischen Macht und Herrschaft, Anpassung und Widerstand, Kommunikation und Isolation.

Bei der Auswahl handelt es sich nicht um eine Sammlung musterhafter Beispiele, sondern um Texte ganz unterschiedlicher Qualität. Der Schüler soll ihre Standortgebundenheit erkennen und in die Lage versetzt werden, die Interessen des Verfassers mit seinen eigenen kritisch in Beziehung zu setzen. Kritik wird verstanden als ein Begriff, durch den Demokratie definiert ist (Adorno). Mündigkeit beweist derjenige, der nachdenkt und nicht nur nachredet. Dazu dienen inhaltlich kontroverse, stilistisch verschiedenartige, aber auch provokatorische Beiträge. Die Konfrontation mit Texten aus der Vergangenheit soll die Schüler befähigen, die Probleme der Gegenwart historisch einzuordnen.

Alle Texte – dazu gehören auch die Abbildungen (Ölgemälde, Karikaturen, Fotos, Plakate u.a.) – werden durch Angaben über den Autor und seine Zeit eingeleitet. Fragen und Arbeitsvorschläge für Einzel- oder Gruppenarbeit sollen eine selbständige Erarbeitung ermöglichen und Anregungen für weitere Diskussionen bieten.

Das **Kritische Lesebuch** wendet sich an **alle** Schüler ab Jahrgangsstufe 10, insbesondere auch an die der mehrjährigen Berufsfachschulen (BFS, zweijährige HH, FOS, FG, VH).

Kritisches Lesebuch – Kurzausgabe

Texte und Materialien für den Deutschunterricht

312 Seiten ISBN 3-8120-0290-6

Die **Kurzausgabe** des **Kritischen Lesebuches** legt das Schwergewicht auf die Gegenwart. Die einzelnen Beiträge dieses Lese- und Arbeitsbuches sind Problemkreisen zugeordnet, die für den Schüler relevant sind: Schule und Erziehung – Deutschunterricht – Jugend und Sozialisation – Emanzipation der Frau – Lehrjahre und Herrenjahre – Werbung und Konsum – Technik und Industrielle Arbeitswelt – Natur, Stadt und Verkehr – Macht und Gerechtigkeit – Vorurteil – Sprache und Kommunikation. Auch die Abbildungen (Ölgemälde, Karikaturen, Fotos, Plakate u. a.) werden als „Text" verstanden.

Die Gegenüberstellung kontroverser Texte (inhaltlich und formal) soll die Schüler zur Mitarbeit und Kritik anregen. Vor allem kann der Jugendliche, der sich auf einen Beruf vorbereitet bzw. kurz vor dem Eintritt in das Berufsleben steht, jene Wirklichkeit, wie er sie erfährt oder wie sie ihn erwartet, besser reflektieren und sich mit ihr auseinandersetzen.

Alle Texte werden durch Angaben über den Autor und seine Zeit eingeleitet. Der Zusammenhang zwischen **Text** und **Gesellschaft** soll verdeutlicht werden. Fragen und Arbeitsvorschläge ermöglichen eine selbständige Beschäftigung mit dem Arbeitsbuch und bieten Anregungen für Diskussionen.

Die **Kurzausgabe** des **Kritischen Lesebuches** wendet sich an **alle** Schüler ab Jahrgangsklasse 9, vor allem auch an die der Berufsfachschulen (BGJ, BAS, BFS, HH, FOS).

Goette/Goette

Interpretationen für den kritischen Deutschunterricht

Didaktisch-methodische Hinweise zum „Kritischen Lesebuch" (Haupt- und Kurzausgabe)

4. Auflage, 342 Seiten   ISBN 3-8120-0181-0

Dieser Band enthält Interpretationen für einen kritischen, gesellschaftsorientierten emanzipatorischen Deutschunterricht. Alle Texte aus dem **Kritischen Lesebuch** (Haupt- und Kurzausgabe) werden unter didaktischen und methodischen Gesichtspunkten analysiert. Die im Lese- und Arbeitsbuch zur Diskussion gestellten Fragen werden unter Angabe der angestrebten unterrichtsbezogenen Lernziele beantwortet. Bei einigen Texten sind ergänzende Quellen und Materialien für eine vertiefende historisch-soziale Betrachtung herangezogen; außerdem werden Hinweise für Gruppenarbeit, Stillarbeit, Tafelanschrieb, Tafelbild und Diskussion gegeben. Der Schwerpunkt dieser Interpretationen liegt auf einer praxisbezogenen und unterrichtsrelevanten Gestaltung.

Dieser Interpretationsband möchte konkrete Vorschläge für die Gestaltung und Durchführung eines kritischen, emanzipatorischen Deutschunterrichts machen. Zu diesem Zweck werden die Texte des „Kritischen Lesebuches" unter Angabe von Lernzielen interpretiert. Alle Arbeitshinweise aus dem KL, die zur besseren Übersicht noch einmal mit abgedruckt sind, werden unter didaktischen und methodischen Gesichtspunkten beantwortet. Besonderes Kennzeichen des KL ist der Charakter des Arbeitsbuches, das den Schülern weitgehend die eigenständige Bearbeitung ermöglichen soll. Die Arbeitshinweise sind daher häufig so formuliert, daß sie in Einzel- oder Gruppenarbeit erarbeitet werden können. Dem Leser sollen die hier skizzierten Modelle bei der Vorbereitung und Durchführung des Unterrichts helfen, indem er sich schnell über mögliche Antworten orientieren kann.

Die im KL abgedruckten Arbeitshinweise sind nicht die einzig möglichen. Die Schüler sollten immer aufgefordert werden, selber Fragen zu formulieren. In vielen Fällen werden es andere als die vorgeschlagenen sein. Die Reihenfolge der Arbeitshinweise ergibt auch noch nicht den Verlauf einer Unterrichtsstunde. Das Vorgehen in einer Berufsschul-, Berufsfachschul- oder Gymnasialklasse ist notwendigerweise so unterschiedlich, daß es nicht sinnvoll wäre, die Lernschritte im Detail aufzuzeigen; außerdem muß der jeweilige didaktische Zusammenhang berücksichtigt werden. Jeder Lehrer (bzw. Schüler einer Klasse) wird die Texte eigenständig zusammenstellen, woraus schon eine differenzierte Behandlung im einzelnen determiniert ist. Einstieg, Motivation, Verteilung der Aufgaben und Veranschaulichung müssen also je nach den Umständen erfolgen. Vor allem bei der Verteilung der Aufgaben und der Organisation des Unterrichts können die Schüler – insbesondere wenn sie die Arbeitstechniken beherrschen – selber mitentscheiden und mitgestalten.

Um den Umfang des Buches in Grenzen zu halten und es nicht zu theoretisch werden zu lassen, ist weitgehend auf eine ausführliche didaktische Begründung der Auswahl der einzelnen Texte verzichtet worden. Die inhaltliche und formale Zuordnung der Texte ist in den tabellarischen Übersichten skizziert. Für das Gesamtkonzept und die allgemeinen Richtziele wird auf die folgende Einleitung verwiesen. Aus Gründen des Umfangs konnten leider die Abbildungen, die nach der Konzeption des KL den gleichen Stellenwert wie die Texte haben, in diesem Band nicht auch interpretiert werden. Sie wurden jedoch in die tabellarischen Übersichten aufgenommen.

Der Schwerpunkt dieses Interpretationsbandes liegt auf einer praxisbezogenen und unterrichtsrelevanten Gestaltung.